ボディ・ブレイン

どん底から這い上がるための法則《ルール》

下柳 剛
Tsuyoshi Shimoyanagi

水王舎

瞑想する下柳剛

坐《すわ》ってつかんだ最多勝――まえがきにかえて

あなたは、〝ゾーン〟という言葉を聞いたことがあるだろうか。

最近、スポーツ界を中心に言われるようになった概念で、日頃訓練した脳や身体に調和された精神が重なったとき、自分自身でも驚くようなハイパフォーマンスが発揮されるという、究極の集中状態のことだ。

これはスポーツにおいても、ビジネス・勉強においても起こりうるが、多くの人にとっては一時的で再現されにくい性質のものらしい。

もし、この状態が継続して起こせるなら、人生はどれだけ変化することだろう。

パ・リーグで鳴かず飛ばずだった自分が、人生の崖っぷちからタイガースで花開くことができた理由は、この〝ゾーン〟に焦点を当てた学び方をした、ただそれだけの理由だった。

もし、スランプに陥っているアスリートや、将来に不安を抱えているビジネスマンがいたら、そんな人にこそ読んでもらいたい。

身体の声に耳を傾ける学び方をすれば、人生を逆転する光が必ず見えてくるはずだから。

◆

二〇〇五年のシーズン。
史上最年長の三七歳で最多勝を獲得したとき、多くの人が驚いていた。
でもこう言うと周囲はもっと驚いたんだ。
「なぜか、バッターが何を狙っているかがわかった」と。
奇妙に聞こえるかもしれない。
でも、そうだったとしか言いようがない。

あのシーズン以降、自分が自分でないような好調な状態が膝を怪我するまで続いた。

そう、バッターの狙いを感じ取ることができたのは、間違いなくゾーンの賜物だった。


ではなぜ、自分はゾーンに入ることができたのだろうか。

振り返ると、学ぶことにはどん欲だった。

格闘技、陸上、ピラティス……大好きな野球のために他競技のトレーニングを学び、たくさんの本を読んだ。練習の積み重ねもあり、打者心理とバッティングパターンは頭と身体に叩き込まれていた。


でも、それらを花開かせたトレーニングは、他でもない――坐禅（瞑想）だった。


「心が読める」わけがない。

坐ることで、自分でも驚くほど身体感覚が鋭敏になっていったのだ。

普段の意識では気づけないようなバッターの微細な動きが知覚でき、彼らのわずかな初動でタイミングが合っているか、何を狙っているかが頭（理屈）ではなく全身の感覚でわかる――そんな実感があった。

まさに、Don't think, Feel! の世界だ。

セオリーではAを選ぶべき場合でも、身体が嫌がってBを投げてしまうこともあった。

しかし、結果としてそれで打ち取れたことの方が圧倒的に多かった。

本当の正解はおそらく身体の方が知っているのではないか。

◆

すべてをそぎ落として、自分の最も大切なことに集中するんだ。

そして坐ることで感覚を極限まで研ぎ澄ましてみてほしい。

すると、理屈を超えて、正解がフッとわかることがある。

決して超能力なんかじゃない。

ぼんやりとしていたらわからない微細なきざしを鋭敏なセンサーとなった身体が敏感に感じ取り、情報処理した結果だと思うんだ。

もしかすると昔の人はそれを悟りと言い、今はそれをゾーンと呼ぶのかもしれない。


能力の向上は、得た情報量と比例するという。

観察能力に優れ、日常のささいなことから、普通の人なら見逃すようなきざしまで読み込める人は、情報量を普通の人より飛躍的に多く獲得できる。

例えるなら名探偵のシャーロック・ホームズのように。

◆

最多勝投手と言われるけれど、決して野球エリートなんかじゃなかった。

一歩登っては転ばされ、這《は》い上がったらへこまされる、挫折だらけの野球人生。そんな自分が年を取ってからも活躍できたのは、心・技・体の〝心〟に目を向けた結果だった。

心を整えるための旅は、好きな野球で活躍したい、ただその一心からはじまった。最終的にゾーンにたどり着くことができたのは、スポーツメンタルの第一人者・白石豊福島大教授や、禅の心を教えてくれた裏千家家元・千宗室さんをはじめとする多くの方々のお力添えの結果に他ならない。

この本の最後にあるインタビューで、家元が「頭で考えることから、全身で考えることに変わっていった」と自分を評してくださっていた。それを読んで今までの旅路の意味にハタと気づき、身体を研ぎ澄ましてゾーンに入ったことも重ね合わせ、本書のタイトルを『ボディ・ブレイン』と名づけさせていただいた。

自分が知っているすべてを、この本では包み隠さず語りたいと思う。

目次

ボディ・ブレイン

――どん底から這《は》い上がるための法則《ルール》

第一章　ボディ・ブレイン

——〝ゾーン〟を引き寄せるための十箇条

第二章 どん底から這い上がれ
——プロフェッショナルの学び方十箇条

第一章

ボディ・ブレイン

――〝ゾーン〟を引き寄せるための十箇条――

其の一、前後際断

『過去や未来を断ち切り、目の前の一瞬に全力を傾けよ』

この世の中で一番言うことを聞いてくれない存在。
もしかするとそれは、自分自身の〝心〟ではないだろうか。

大事な試験やプレゼンを控えているのに、緊張で一睡もできず不調のまま当日を迎えてしまった。ゆうべの喧嘩を引きずるあまり、仕事で痛恨のミスを犯してしまう。——とらわれた心がもたらした苦い失敗なら、誰もが一度や二度は経験済みだろう。

野球も同じだ。
例えば落としたくない勝負どころで、ギリギリのコースを突いたベストピッチングがボールと判定されたとする。一度裁定されたら、どれだけ抗議しようとジャッジは覆《くつがえ》らないのに、次の打者が打席に入ってもなお、「なぜ今のがボールなんや！」とイライラが治まらなかった経験は、投手なら誰しもあるだろう。

一方、走者二・三塁で迎えた三番打者との対戦場面。ネクストバッターズサークルには苦手とする四番打者が控えている。すると、次の打者のことばかり気になって目の前の対戦に集中できず、四球を出すなど往々にしてピンチを広げてしまうものだ。

ある日、自分は沢庵《たくあん》の『不動智神妙録』という本に出会った。

沢庵は江戸時代を代表する禅のお坊さんで、将軍家の剣術指南役として有名なあの柳生宗矩《やぎゅうむねのり》の師でもある。剣の達人に禅の心を説いたその本を読み進めていくうちに、あるフレーズが目に留まった。

前後際断と申す事の候《そうろう》。

前の心をすてず、又今の心を跡《あと》へ残すが悪敷《あしき》候《そうろう》なり。

前と今との間をば、きってのけよと云ふ心なり。是《これ》を前後の際を切て放せと云ふ義なり。心をとどめぬ義なり。

（前後の際を断つという言葉について。

過去の心を捨てないことや、今の心を未来に残すことは悪いことです。以前のことを引きずらぬよう、今の思いが未来に尾を引かぬよう、いまこの瞬間以外を切って捨ててしまいなさい。心をとどめてはいけないのです。）

前（過去）と後ろ（未来）を断ち切って、目の前の機会にすべての力を注げというその言葉を見て、目からうろこが落ちるような思いがした。

心は過去や未来にさまよいがちだ。だけど、過去を悔やんでも現実が変わるわけではないし、まだ見ぬ未来への心配も、あとになってみるとそのほとんどが取り越し苦労だ。しかし、そんな実体のない後悔や恐れこそが、自分の力を浪費させ、ますます事態を悪化させている。

人間がコントロールできるのは、今この瞬間のみなのに、自分の過去や未来への思いが大切な現在をおろそかにさせているんだ。

過去と未来を捨てて、今に生きる。

自分がこの考え方を取り入れたのは、まさに阪神に移籍した二〇〇三年のことだった。驚くほどの成績が残せるようになった理由の一つは、心の負担が激減したからにほかならない。

ずっと「前後際断」とグラブに刺繍していた。

どんなピンチのときも、決して忘れることのないように。

過去や未来を思いわずらう気持ちを断ち切って、
目の前の一つひとつのことだけに、ただ全力を傾けよう。

▼シモのこぼれ話

昔の剣の達人の本を、たまに手に取ってみたりする。有名な宮本武蔵の『五輪書』にはガッカリさせられたなあ。「常に平常心であれ」と繰り返すだけだったから。「そんなんわかっとるわ。平常心になる方法を知るために『五輪書』買うとるんやないかい！」と思わず武蔵に突っ込んでしもた。宮本武蔵に突っ込んだのは小次郎と自分ぐらいかもしれんね（笑）。

其の二、坐禅

『必要なことだけに専念できるようになり、驚くほど人生が変わっていく』

恥ずかしながら、あまりの緊張で我を失い、文字通り「ここはどこ？　私は誰？」と意識が飛んでしまったこともマウンド上ではあった。

プロ野球はもちろん、「技」や「体力」を競い合う舞台だ。しかし、五万人近い大観衆の中でマウンドに上がると、どんな投手でも絶対冷静ではいられない。緊張、ビビリ、恐怖……叫びたくなるようなプレッシャーの中、今やることにどれだけ集中できるかを競う「心」の戦いの舞台でもあるのだ。

究極の集中状態〝ゾーン〟は乱れた心にはやって来ない。自分が大舞台でも心を整えることができるようになったのは、三五歳のときに出会った坐禅のおかげだった。

坐禅と耳にして、「いかめしい精神論を」と身構える向きもあるかもしれない。

しかし、坐ることはコツさえつかめば簡単だ。しかも、人生まで変わってしまう。

阪神移籍後初のキャンプでは、観客の数にただ圧倒された。決してオーバーに言っているのではなく、本当に当時のパ・リーグの公式戦より多かったのだ。この先に待つ、甲子園や東京ドームでの巨人戦を思えば、プレッシャー対策は急務だった。

そんなとき、オリンピックのメンタルコーチも務める福島大学教授の白石豊先生に相談をしたら、「シモ、坐ってみなさい」と示唆された。


静かなところであればどこでもいい。楽な格好で背すじを伸ばして坐って目を閉じてみてほしい。作法は問わない。

余計な思いが次々と浮かんできて、「無」になることの難しさを感じるだろう。

そんなときはまず、自分の呼吸を数えてみるんだ。これは古くからある、「数息観《すそくかん》」というテクニックだ。

一〇まで数えたら、また一から繰り返し数えていく。

それでも雑念は出てくるが、消そうとしないでただ放っておくこと。

そのうち、息を吐くことだけに集中できるようになる。

やがて吐く息さえ気にならなくなり、ただ自分の呼吸音だけを聞くでもなく聞いているという境地になってくる。


坐れるようになると、「まえがき」で書いた〝感覚が鋭くなる効果〟のほか、あるかけがえのない効果を感じられるようになる。

人生がシンプルになるんだ。

数分坐って心を見つめ、雑念を消し去る日々を続けるだけで、自分にとって不要なものと必要なものの違いが不思議なほどハッキリ見えてくるようになる。

するとごく自然に、大事なことだけに専念できるようにすべての生活が変わっていくんだ。

「野球人生の中で一番役に立ったトレーニングは、坐ることだった」と言うと、多くの人に驚かれる。でも、あなたも一日五分でいいから、自分の夢につながると信じて坐ってみてほしい。

自分は毎試合前、必ずロッカーで坐り、呼吸を整え、意識をへその下の丹田に落としてからブルペンに向かうようにしていた。それは何物にも代えがたいトレーニングだった。

坐ることで不要な荷物を減らし、
自分にとって大切なことだけに集中できるようになると、
驚くほど人生は変わっていく。

▼シモのこぼれ話

はじめは長く坐れないけど、絶対にできるようになる。俺ですら三〇分は坐れるようになったのだから、諦めたらあかんよ。

もちろん、イライラして集中できないときもある。そんなときに浮かぶいろいろな雑念は、無理に消そうとしない方が良い。

何かの本にあった、こんな文句を覚えている。

「暴れる猫を寝床に入れようとしても、絶対に入ることはない。入れようとすればするほどもがく。だから放っておくんだ。しばらくすれば自分から入っていく」

「雑念を抑えなければ」と焦るほど、かえって変なことを思い浮かべてしまうものだ。頭の中で暴れている雑念も、放っておく方が早く静かになる。

其の三、自信は成功に先立って持て

『目標とするシーンをイメージしながら、日々自分自身に語りかけろ』

会社で一番の営業成績を上げて昇進する、英語の資格を取る――きっとあなたにもかなえたい夢があることだろう。

今だから言うけれど、二〇〇五年、自分は明確に「最多勝」を目標に設定していた。阪神に移籍して三年目。良い自主トレもできたし、リリーフ陣も盤石だったので、シーズン前、「もしかしたら狙えるんじゃないか」とひそかに手ごたえを感じていた。そこで、メンタルトレーニングの師である白石先生に大胆にも、「今年の目標は最多勝で良いでしょうか」と聞いてみたんだ。

そのときの先生の言葉を、今も忘れはしない。

「シモ、僕と付き合って何年目だっけ。いつも言っているでしょう。〝願わなければばかなわない〟って」

そして先生の指示に従い、オリンピック選手がよく使う目標達成技法を、自分流にアレンジして最多勝を目指すこととなった。

まずは、日々の行動目標の設定。最終目標たる「最多勝」を達成するために、一日レベルで何を達成すべきか、起床から就寝までの行動計画を設定するんだ。

起床時間、朝食までに行うトレーニング、朝食の内容、午前のトレーニングメニュー、昼食の内容、午後のトレーニングメニュー、休憩時間……と時系列に従ってこなすべきノルマを細かく作成し、紙に書き出す。「これを達成して自分を整えると、必ずや最終目標にたどり着く」という実感がわくようなものでなければならない。

次にセルフ・イメージの改善だ。

白石先生によると、人のパフォーマンスは、「自分はこんな人間だ」という思い込み（セルフ・イメージ）によって大きく左右されるらしい。確かに試合を前に「大丈夫、抑えられる」と自信を持っているか、「今日はまずい、打たれそうだ」と気弱になるかで、結果に大きな差が出ることを肌で感じていた。つまり、自信とは成功の後ではなく、成功に先立って持っていなければならないものなのだ。

そこで、「自分はタイトルを獲得する力を持っている」という確固たる自信を持つために、まずは「最多勝」と書いた紙を寝室の天井、トイレ、そしてリビングなど、目に入るところに数枚貼りつけた。そして、それを目にするたびに「最多勝」とつぶやいて、プロ野球コンベンションで、最多勝利投手として自分が表彰されているシーンを視覚だけでなく、聴覚や時には体感覚も駆使してありありとイメージしたんだ。なぜなら脳は、イメージと現実とをあまり区別せずに認識するそうだから。

日々の行動計画をこなすたびに、また紙を見て最多勝のイメージをするたびに、最初はおぼろげだったタイトル獲得への自信が、不思議なほど大きく確固たるものになっていった。そして、セルフ・イメージの拡大と比例するかのように成績も上がっていった。

最多勝を獲得し、まさにイメージした通りにプロ野球コンベンションでの表彰が実現したときは、嬉しさもあったが、いわゆるデジャブ（既視感）の不思議さに狐につままれたような思いがしたものだ。

最終目標はぜひ大きく設定してほしい。今の自分が手に届きそうな未来だけを思い描くのは実にもったいない。なぜなら、自分が思ったセルフ・イメージ以上のことは実現しないのだから。

「願わなければかなわない」

自分はこんな人間だという思いこみに見合った現実がもたらされる。
夢をかなえたいのなら、セルフ・イメージを拡大すること。

▼シモのこぼれ話

「阪神に移ってから、どうしてそんなに活躍できたんですか」――一番多く聞かれた質問は、おそらくこれだろう。それだけ皆の目に不思議に映ったんだろうね。

未知なる舞台へのチャレンジ精神もあったし、セ・リーグ特有の繊細な野球も自分には非常に面白く思えた。

でも何といっても大きかったのは、メンタルトレーニングに本格的に打ち込むようになったことだ。

もともと練習に対する根気には自信があって、限界まで体や技を磨く努力をしていたけど、成績は今ひとつ伸び悩んでいた。そこで、自分の実力を試合で100%発揮させるという視点でいろいろ模索していたら、先生方との幸運な出会いのおかげもあって、プレッシャーコントロールなどのメンタル面には、まだ伸びしろがあるとわかったんだ。

「心・技・体」のうち、鍛えるべきは「心」だと気づけたこと——それが、阪神での活躍のきっかけだった。

其の四、イメージトレーニングほど過酷な練習はない

『潜在能力を引き出す奥の手を教えよう』

「スポーツ界ではイメージトレーニングを活用している」という話をみなさんも耳にしたことがあるだろう。ここでは自分なりのイメージトレーニング体験談をご紹介したい。「イメージするだけ」という手軽さから簡単なトレーニングだと思われるだろうが、とんでもない。間違いなく一番過酷なトレーニングだった。

試合が終わったその夜は、勝とうが負けようが、その試合に登板できたことに対し、自分が思い出せる限りのすべての人に「ありがとう」と心の中で感謝する――それが、下柳流イメージトレーニングの始まりだ。

登板翌日から次の登板日までは、次戦の事前情報に基づいて、相手チームの打者全員と対戦し、完璧に抑えているイメージを毎日思い描く。

具体的には、まず登板する球場のマウンドを脳裏に映像化する。そして、打者のいない打席に向かって全球種を投げる姿をイメージする。

次に、球審の「プレーボール」のかけ声から、一番打者から順に対戦していく様子を思い描くのだ。実戦同様、相手打者の癖を思い出し、例えば「シュート、スライダー、フォークの順に投げる」と見立てたらその通りに投げ、そして打ち取っていく様子を映像化する。最終的には打者一巡し、全員を抑えきるところまでイメージする。


試合当日のブルペンでも、理想的な投球フォームから選択した球種を投げ、ミットにスッと球が吸い込まれていくイメージを心のスクリーンにクリアに描いてから、一球一球ピッチングしていた。

実戦では投球動作の秒数制限があるから、時間をかけてイメージするわけにはいかない。それでもサインが決まったら、ミットに球が吸い込まれる映像だけは必ず思い描いてから投げていた。

おかげで引退した今も、味方捕手の構えはもちろん、全球団の打者の構え、さらに全球場の特徴まで、映画を見るようにありありと一瞬でイメージすることができる。

こんな一見無駄なトレーニングをなぜ続けたのか。それは、イメージトレーニングに自分がうまく使えていない筋肉や神経の力などまで、イメージ通りに整えてくれる効用があるからだ。

自分にとってはまず、制球力が整った。

また、緊張が格段に和らぐ効用もあった。つまり、イメージの中ですでにマウンドに立っているから、リハーサルをしたかのように、実戦のとき落ち着いていられるんだ。

毎年コンスタントに二ケタ勝てるようになったのは、この訓練を始めてからだ。

こう聞くと、アスリートにしかこの手法は使えないように思うかもしれないが、そんなことはない。

例えば営業先でのセールストークや、お祝いの席でのスピーチに自信がないときなど、だまされたと思って使ってみてほしい。ぎこちなかった動きが整い、喉がゆるみ、焦らずスムーズに話ができている自分に気づくはずだ。

はじめはイメージをコントロールするのに苦労するかもしれないが、毎日同じようなシーンを思い浮かべ、それが鮮明になるにつれて必ず結果もついてくる。イメージの世界も継続は力なりだと実感している。

それにしてもハードなトレーニングだった。はた目から見ているとサボってるようにしか見えなかったし（笑）。

イメージトレーニングには、
脳・筋肉・神経を整える恐るべき力がある。

其の五、感謝にはすごい力がある

『何事も一人で抱え込むな。重い心にゾーンは訪れない』

怖さを知らぬ人に進歩・成長は訪れない。ドラフト一位、鳴り物入りで入団した選手が長続きしないことが多いのは、怖さを経験したことが少ないからだ。「俺の球は打たれない」と思っていたら、努力を必死でしなくなる。怖がりだからこそ、「打たれたくない」と思って、どうやったらいいのか必死に工夫を凝らすのだ。

だから、怖がりのままで良い。

いや、むしろ怖がりであるべきなんだ。

自分の弱さに気づけた人と、そうでない人とでは努力の仕方が違ってくるはずだから。

先ほど、「試合後、まずすべての人に対して感謝することを心掛けた」と書いたけど、これはきれいごとではなく、れっきとしたメンタルテクニックなんだ。

想像してみてほしい。「自分は周囲の人に助けられている。一人じゃない」――きっと気持ちが少し楽になったはずだ。


自分は誰よりも怖がりだった。だけど、試合が終わるたびに感謝の気持ちを持つことで、「みんなに助けられている」という大きな精神的支えを得られたんだ。また、「一人で勝ったのではない」と脳裏に刻み込まれるから、決して自分を過信せず、練習を怠らないようになる。


「自分の力でうまくいった」という慢心が起こると、必ず頭打ちになる。なぜなら、〝ゾーン〟は、何事も一人で抱え込んでしまうような重い心には訪れないからだ。

軽やかで穏やかな精神の安定は、〝ゾーン〟に入るための必要条件とされている。

一人でやっているのではないことを意識し、マウンドに立てたことそのものに感謝の気持ちを抱くようになったら、周囲の協力を得られただけでなく、なぜか次の試合もうまく回るようになっていった。

海外選手が、勝利の後に神に感謝する光景をよく見かけるが、
非常に理にかなっている。
ゾーンは、何事も一人で抱え込む重い心には訪れないのだから。

愛弟子・下柳を語る特別インタビュー・1

できれば自分が引導を渡してやりたかった

元プロ野球監督・野球評論家　権藤 博

一九三八年生まれ。六一年中日に入団後は「権藤、権藤、雨、権藤」という流行語が生まれるほど連日のように登板し、新人にして三五勝をあげ、最多勝投手、新人王、沢村賞などを獲得。翌年も三〇勝したが三年目に肩を痛め、六八年引退。中日、近鉄、ダイエー、横浜で投手コーチを歴任し、数々の投手を育て上げた。九八年横浜を監督として率い、チームを三八年ぶりの日本一に導いた。

上下に外している間は使ってやる

――一九九一年、権藤さんがダイエーのピッチングコーチに就任された年に入団されたのが下柳さんでした。

権藤 切り替えの時期だったんです。Ａクラスには入りたいし、実際そのチャンスもあった。あの頃、吉田豊彦や村田勝喜など良いピッチャーもいたのですが、「彼らの中に入っていかなかったら、このチームは何ともならん」と思えたのが下柳です。荒れ球ですけど、スケールがでかかった。
ただ、彼を育てたのは当時の根本陸夫監督ですよ。下柳が押し出しフォアボールをやったときも、「こんなぐらいで代えとったのでは、伸びはしませんよ。行きましょう」と根本さんに言ったら、「いいよ」と言ってくれましたからね。進言しても、他の監督なら受け入れてくれませんよ。根本さんが下柳にチャンスをくれたんです。

――下柳さんは権藤さんがいらしたからこそ、ダイエーを選んだとおっしゃっています。

権藤 知りませんでした。僕は近鉄コーチ時代に暴れていますから、それが印象にあったんでしょうかね。

――下柳さんは運転手を志願するほど、心の底から「権藤さんについていこう」と慕っていたそうですね。

権藤 近所だったものですから、「おう、迎えに来い」と言って。彼は一人暮らしでしたし、僕は単身赴任中でしたから、試合から帰ったら「よし、飯食おう」と言って、二人でさんざん食って……。家の周囲に食べ物屋がいっぱいありましたからね。他のピッチャーも一緒に来たりしてました。〝権藤食堂〟なんて言って、毎晩一緒に食べてました。

――「ベースの左右から球が外れたら使わないけど、上下に外す分には使い続ける」と権藤さんが言って、実際に上下に外したあとも本当に使い続けてくれたというエピソードをうかがいました。「おかげでプレッシャーが一気に減った。心の機微をわかって教えてくれていたと思う」と下柳さんはおっしゃっていました。

権藤 難しく考えてはいませんが、「その選手がどうやったらうまくいくか」とは考えます。だけど、持っているものを極端に良くしようなんて思わないです。持っているものを少しでも出せるようになるためにはどうしたらよいか。シモに「最低限ストライクを投げなさい」と言ったらプレッシャーがかかるわけですが、「上下に外している間は使ってやる」と言ったら楽になるのではないかと僕なりに思ったわけです。
だからフォアボールになっても、「たまたま相手は振らなかったけど、その辺に投げておくと次は振ってくれるかもしれないからかまわないよ、次、次」と言うのです。

――本書の制作の際も、下柳さんはプレッシャーにならないよう配慮してくれて、私たち編集者に「ゆっくりでいいから」とか、「また修正したらいいじゃないか」とおっしゃるんです。それは多分権藤さんの影響ですね。下柳さんも良い指導者になられると思います。

権藤 そうですね。学びと我慢する大切さを自分でつかんだ男ですからね。よくぞあれだけ黙々と練習して、投げられるようになったと思います。僕が知っている彼は暴れ馬もいいところでしたから。それがここまでなったというのは、彼自身の努力の賜物です。

普通の人だったら潰れている

――入団一年目は一試合のみ、二年目は全く登板できず、三年目に根本監督に代わってようやく登板できるようになった下柳さん。いきなり五〇試合に起用されたわけですが、その年の印象はどんな感じでしたか。

権藤　「将来こいつがモノになったときには、あの身体と馬力と暴れ方からしたら相手は絶対嫌がるはずだ。弱いチームなのだから、こういう選手を使っていくべきだ。ありきたりの戦力で戦っていたらいつまで経ってもBクラスのままだ」と思っていました。

――権藤さんと言えば「権藤、権藤、雨、権藤……」の伝説があります。下柳さんも若手の頃、アイアンホークというあだ名が付くほど、試合前練習、打撃投手、さらに実際の登板という連投をしました。根本さんと権藤さんは、制球力をつけるためにそういう風な起用をしようと思ったのですね。権藤さんの「投手の肩は消耗品」という理論から言えば、下柳さんは非常に例外的な存在だったことがうかがえるのですが。

権藤　彼は不器用で、ある程度投げて覚えなければならないタイプ……いや、それでも覚えないぐらい不器用でした。でも、僕が監督なら試合前に打撃投手をさせて、ゲームでも投げさせるようなことはしなかったと思います。普通の人だったら潰れているでしょう。それをやっても潰れず四〇過ぎても投げられたというのは、シモの先天的な体力に負うものでした。アメリカなんかじゃクレージーですよ。どっちが正しいかと言われたら、あれは正しい方法じゃないと言うしかないです。それでも潰れない強靭《きょうじん》な体力と、それに耐えうる精神的な強さ。片方が崩れても絶対持ちませんから。だからそういう点でシモは本当に立派。すごいですね。

——日本ハムでの下柳さんはまだ感情が表に出て、味方のエラーの際に怒りの表情を見せたりしていたのが、阪神移籍後は徐々に減っていったような印象がありますね。

権藤　その辺が立派で伊達に年は取ってない。「あの暴れ馬がなんでこうなったんだろう」と思って調べると、練習が終わってからも自己訓練を続けた結果でした。これはすごいことです。「我慢して丁寧にいかなきゃいかん」と意識できたからこそ、四〇過ぎても活躍できたのだと思うのです。シモは頭も良いし、自分に厳しく向かっていった。ちゃんと自己管理できる人がこうやって長持ちするんですよ。

下柳こそ本当の職人、野球人

――権藤さんが昔のコラムで書かれた文章から抜粋します。「練習場に行くとそこにはいつも一人で黙々と練習している下柳の姿があった。もののけに憑《つ》かれたような形相《ぎょうそう》だった」と。

権藤　「おい元気か」と、声などとてもかけられない雰囲気でずっと練習していましたね。近くに行くと向こうも僕に挨拶しなきゃいけないじゃないですか。だから知らない顔して離れてじっと見てるんです。

――コーチと選手、双方に強いプロ意識がうかがえるエピソードですね。

権藤 寄れば向こうは挨拶しなきゃいけないし、こちらも「ようやるな」とか言わなきゃいけない。しかし、それは余分なんです。そういう余分な会話をしないように離れてじっと見てるんです。いつまで経っても遠いところから知らん顔して見てる。向こうも気がついてると思いますけどね。

――そんな権藤さんのさりげないあり方が下柳さんにとっては嬉しかったみたいですね。取材の際、そんな印象を受けました。

権藤 普段会うと酒飲んで二人ともちゃらんぽらんですけどね。馬鹿なことばかり言うだけで、そんな話は一切しないです。まあ、お互いに心の中はなんとなくわかっているつもりですが……言葉にすれば軽くなります。

――プロ意識は権藤さんの中でも大切な意識なのですね。

権藤 そうでなくてはいかんと思っています。「じゃあ、あなたは何ですか」と問われたら、やっぱり「プロ」と答えたいですから。

シモはプロ意識もすごかった。一番あったんじゃないですか。「どうやったら食っていけるか」と常に考え、その答えも自分で探し出してきたわけです。

――権藤

これからの下柳さんはどんな風になっていかれると思いますか。

やっぱり、誰にもできない経験をたくさん積んだわけじゃないですか。どこに球が行くかわからないピッチャーがあれだけ自己訓練をやって、ついに最年長最多勝を取るところまで頑張った。あの暴れ馬があそこまでなったわけです。誰よりもいろんな経験をしたシモの中には、味がいっぱい詰まっている。ストライクが入らない悩みもわかる、トレーニングして徐々に這《は》い上がってくるその面白さもわかっている。

それを何十年間あいつは経験したわけですから、面白い指導者になると思います。楽しみですね。うまくいかなかった人、力の出せない人の悩みをわかると思うんですよ。これはずっと活躍し続けた選手にはわからない世界です。

世渡り下手で媚《こび》も売らないけれど、我慢強さを身につけて、死に物狂いで練習して、最後も野球への思いで死に切れず、アメリカにトライアウトを受けに行くほどの情熱……下柳こそ本当の職人、野球人だと思います。

引退の知らせを受けたときも、まだまだやり続けるんじゃないかと思いました。

できれば自分が監督として引導を渡してやりたかったですね。

▼シモのこぼれ話

「下柳さんのような個性の強い選手を、コーチはどんな風に指導していたのですか」なんて、たまに興味本位で聞かれたりするけれど、そんなときは、「基本、人の言葉は聞いてないから」と答えるようにしている。

でもダイエーを選んだのは、間違いなく権藤博投手コーチの存在が大きかった。現役時代に投げに投げて潰れてしまった方で、アメリカにも勉強に行かれたことも知っていたので、「権藤さんの下でやってみたい」という明確な思いがあった。

実際に指導を受けるようになって驚いた。みなさんの想像通り、プロの世界もストライクを投げなかったら使ってもらえないし、「コース・低めを狙え」と言われるのが当たり前。だけど、権藤さんだけは違っていた。制球力に難がある自分の癖を見切った上で、「ホームベースの両サイドを外さなかったらずっと使うてやる。

ワンバウンドを投げようが、高い球を投げようが、縦のラインさえ合っとけば良い。だけど、両サイドに外し出したら使わんぞ」と言うんだ。そして、上下に外れても本当にずっと使い続けてくれた。

「ベース内に投げとけばいい」と思うだけで、ひとつ心のゆとりになる。メンタルのことを知り尽くした権藤さんによる、ノーコンの下柳に心理的余裕を与えようという配慮だったに違いない。

また、権藤さんは「困ったら、遅い球をど真ん中に投げろ」とも言っていた。これはものすごく怖いことだけど、一度成功したら味をしめる。そしてそれを投げて打たれても、権藤さんは決して文句を言わないんだ。打たれても「ナイスボール！」とか、「それぐらい投げたら、大したもんだ」と言ってくれる。

心から信頼して「権藤さんについていこう」と、球場の行き帰りの運転手を買って出たぐらいだった。現役をやめるまで、プレー中、権藤さんの言葉をずっと心に抱いていた。

其の六、見るともなく見る

『ゾーンへのスイッチを入れる、特別な視野の使い方がある』

はじめて究極の集中状態〝ゾーン〟に入ったときの話をしよう。

二〇〇二年のシーズン終盤、自分は二試合のマウンドを任された。まさに日本ハムをクビになる寸前の時期で、投手コーチから、「このマウンドで、他球団にアピールせんといかんな」と言われたほどだった。この試合でダメだったら、おそらく引退するしかなかっただろう。

そんないかにもプレッシャーがかかるような場面ではあったけれど、マウンド上では不思議と恐れを感じることはなかった。つかみかけていた新球種・シュートスライダーでどれくらい行けるか試してみたい、という前向きな気持ちで投球に集中できたからかもしれない。

そして、その試合が自分の野球人生におけるターニングポイントとなった。

驚かれるかもしれないけど、まさに投げようとボールを手放す寸前に、相手打者のタイミングが合っているか、そして打者が狙っているコースが何かまで直感的にわかるようになったんだ。そして、もし「合っている」と判断したら、その瞬間、指先を動かしてコースやタイミングを微調整することで、思い通りにアウトが取れるようになった。つまり、投げながら「ああ、外のコース待ってんの？」と気づき、「残念やったねぇ」と心の中でつぶやきつつ指先の動きを微妙にずらすような具合だ。

普通は「ミットを見て投げろ」とコーチから教えられるだろうけど、自分はミットを凝視すると身体に力が入ってしまう。だから、漠然とミットの周辺を見て投げるようにしていた。視点を一点に集中させず、ぼんやりと全体像をとらえるんだ。

そして、その試合では集中度が上がっていたのか周辺視野が広がり、打者の姿まで視界に入るようになっていた。視野の端でとらえた打者の微細な動き。おそらくそれを瞬時に脳が判断して、「タイミングが合っているぞ」と信号を出してくれたのだろう。
力みや気持ちのたかぶりなど一切なく、ただ気持ちは冷静だった。これが、〝ゾーン〟に入る上で最も重要な要素だと知ったのは後になってからだ。

沢庵和尚に次のような言葉がある。

一枚の葉にとらわれたら、大木全体の葉は見えない。
一枚の葉にとらわれなければ、大木すべての葉が見えてくる。
これができるようになれば、千手千眼の観音と同じである。

この言葉を井上雄彦《たけひこ》さんの『バガボンド』という漫画では、「見るともなく全体を見る。それがどうやら『見る』ということだ」というわかりやすい台詞で沢庵に言わせているらしい。一つにとらわれたら周りが見えなくなるから、全体を見るともなく漠然ととらえる。もしかすると、そんな境地をものにできていたのかもしれない。

以前、なにげなく親友の格闘家の桜庭和志選手に「試合のとき、どこを見てるの?」って聞いたことがある。そのとき彼は「ボーッと全体を見ています」と答えてくれた。上半身だけ見ていたら足の動きがとらえられないから、漠然と相手全体を視野に入れる。彼も筋肉の微妙な動きをとらえることにより、次の攻撃を寸前で察知しようとしているに違いない。

普通ならあがってしまうに違いない、戦い直前の究極の緊張感の中、ボーッと見ることができる桜庭選手はやはり達人だと思った。

また、「頑張る」の語源が「目を見張ること」から来た、という説がある。目を見張ってしまうとどうしても肩に力が入ってしまう。最近の研究によると、プレー中意識的に動作を強くコントロールしようとすると、運動の調和をつかさどる脳の部位が乱れ、日頃の練習で培《つちか》ったスムーズなバランスが崩れてしまうことが証明されているらしい。

同じ意味で、野球漫画でしばしば投手が歯を食いしばる描写が見られるが、そうしてしまったら、体が固まってぎこちない投球動作になってしまうのだ。だから、自分は意識的にあえて口を半開きにし、アゴをゆるめて投げることを心掛けていた。

歯を食いしばったのは……怒ってグラブ投げたときだけちゃうか（笑）。

見るともなく、視野全体で漠然と相手をとらえるんだ。
それがゾーンに入る引き金となる。

其の七、最悪の場面から想像する

『プレッシャーに見舞われた際は、最善の場面ではなく、最悪を避ける場面をイメージせよ』

社長の前での意見発表、大きな商談でのプレゼンテーション。大事な場面であればあるほど、プレッシャーもまた大きくなってくるものだ。その結果、どれだけ自分に言い聞かせても口や頭が思うように動かず、切なる願いとは裏腹な結果に終わってしまうことがある。

実は、心の持っていき方にはコツがある。

目の前の恐怖にたじろぎ、解決手段さえ思いつかないようなとき、自分はまず最悪の場面から想像することにしていた。

巨人戦、満塁でバッターボックスにラミレスを迎えたと想像してほしい。絶体絶命の場面だ。そんなとき、まずは「ラミレスが最もホームランを打つ可能性の高いコースはどこだろう」と考えるんだ。答えは、外側から入ってくる甘めのスライダー。それを投げると間違いなくスタンドに運ばれる。

それを意識し始めるだけで心理的には、「そこにさえ投げなければ大丈夫」という具合に恐怖から安心に焦点が移る。すると、気持ちも自然とゆるみだす。

そんな風に少しずつ自分を楽にしていくといい。「最悪のコースからちょっと内側に入れるだけでファールになる。そうしたらカウントが稼げるやないか」と思うと、また心が楽になる。このように落ち着いてきたら、「では、ラミレスがヒットを打つ可能性が高いコースは？」といった具合に徐々に基準を高くしていく。「空振りを取るためにどこに投げるべきか」と考えるのは最後でいいのだ。

人は誰しも自分の身を守るため、生まれつき恐怖心を持っている。つまり、最悪の結果を想像するように元々できているんだ。ならば、無理やりプラス思考を心掛けて「それを考えないようにしよう」とするのは合理的じゃない。考えまいとすると考えてしまうのが人間の性《さが》であるならば、逆に最悪の場面から想起するんだ。

結婚式のスピーチの際、緊張で言葉に詰まることを恐れているのなら、カッコ悪いけれど小さなカンペを用意して棒読みする想像をしてみるといい。きっと心がほぐれてくると思う。フォークボールのスッポ抜けが絶対に許されない場面なら、まずはワンバウンドを投げることから考えはじめればいいんだ。

まず、一番やってはいけないことを考える。そこから少しずつ自分を楽にしていく。最初から最善を狙ってはいけないよ。かえって硬くなってしまうから。

恐怖心から最悪の結果ばかり思い浮かべるのは人として自然なこと。
ならば、決して最初から最善をイメージしてはいけない。

▼シモのこぼれ話

試合前はいつも複雑な気持ちだった。四方を取り囲む四万八千の大観衆が、自分のパフォーマンスの一つひとつにどよめき、あるいはため息をつくのだから。

もちろん、プレッシャーは他人が与えるのではなく、自分で勝手に作り出してしまうものだ。それにしてもこの大舞台、何とも言いがたいものがある。「ちょっと見たい、でもちょっと怖い」という、お化け屋敷に向かうときの子供の心境とでも表現すればいいだろうか。四万八千人の注目を一身に浴びると同時に生まれる極限の不安。「やったるぞ」という気持ちと、「やられたらどうしよう」という気持ち。

実はゲーム前、チームメイトの前で自分は「ああ緊張する」とこぼしていた。そんなピッチャーは、まずいないと思う。

もちろん若い頃はカッコつけて、「緊張なんてどこ吹く風」といった雰囲気を無理して装っていた。でも、こんな場面で緊張するのは当たり前だ。ならば、「緊張する」と正直に言って、カッコつけに無駄な労力をはらうのをやめ、その力をマウンドに持っていく方がプラスになる。そのことに気づいてから、自分は強がるのをやめ、みんなの前で「緊張するなあ」「めっちゃビビってる」という話をするようになったんだ。

坐っていたおかげで、怖がりな自分をさらけ出すことが、それほど恐ろしくなくなった。「自分は自分だから飾らなくていい」という気持ちは、ある意味、禅に通じているのかもしれない。

無駄なことは省きましょう。大事な試合で緊張するのは当たり前なんやから。

其の八、落ち込んだ気持ちを一瞬で変える心理術

『ピンチの場面を立て直す〝メンタルスイッチ〟を作れ』

万全の調整を重ねようとしても、人間ふとしたきっかけでつい弱気になることがある。しかし、落ち込んだ気持ちのままゾーンに入るのは至難の業だ。

自分も、怪我をきっかけに心の準備ができずにゲームを迎えたことがあった。こんなとき、つい「打たれるんじゃないか」と思ってしまうと、不思議なほど早い回に打線につかまったものだ。現役時代は、このように自分の内面が現実に及ぼす影響力を痛感させられる日々でもあった。

そんなとき、一瞬で気分を転換する手段がある。これは心理療法の一種であるＮＬＰ（神経言語プログラミング）の技法で、主にゲーム前に使用していたが、ストレスで気

分が落ち込んだときにも大きな効用があるので、ぜひ試してみてほしい。

まず、上を向いて空を見る。悩みを抱えた人の姿勢は背中が丸まり前傾しているという。ならば、その逆をやってみるんだ。体の動きと感情は連動しているから、上を向くだけで少し明るくなるものだ。さらに拳《こぶし》を空に向けて突き出してみると、より心が晴れてくることだろう。

次に、成功したときに味わった喜びの感情をありありと思い出してほしい。あなたがセールスパーソンならば、営業で大口の契約を取ってきて社内で褒《ほ》められたときのことを思い出していただけるだろうか。

その感情が十分想起できるようになったら、最後に「感情」と「上を向く動作」を結びつけるんだ。上を向いて拳を突き上げる動作をしたとき、営業がうまくいったときの喜びの感情が込み上げるように何度も繰り返してみよう。拳を上げた瞬間、「おっしゃあ！」とほとばしるほどの激しい気持ちが湧き上がるようになれば合格だ。

ブザーが鳴るたびに餌がもらえる体験を繰り返すうち、「ブー」という音がしただけでよだれを垂らすようになった〝パブロフの犬〟のように、「行為」というブザーを押したとたんに、自動的に成功体験が思い浮かぶようになるまで練習してほしい。すると落ち込みそうなピンチのとき、上を向いて拳を上げるだけで、絶好調のときの精神状態に一瞬で戻れるようになる。

野球ができなくなり、愛犬のラガーが死に、周りから人が去って落ち込みかけたとき、自分が立ち直ることができたのは、まぎれもなくこの技法のおかげだった。

ゾーンに入るには安定した感情がどうしても必要だ。
落ち込んだ気持ちを一瞬で立て直す手段を知っていれば、
いざという場面で大きな力になる。

其の九、身体からの声に従ってみる

『頭では知覚できない微細なきざしを身体が感じ取ることもある』

勝負の世界に生きていると〝流れ〟を大事にした方が良い結果に結びつくことがある。自分はゲームの最中、しばしば相手チームのインケツ（関西弁で疫病神・何をやってもうまくいかない人の意）が見えてくることがあった。インケツとは、成績的にも調子が悪いわけではないが、決定的な勝負どころで負けてしまう、そんなめぐり合わせを持つ選手のことだ。

例えば第一打席で甘い球を見送り、打つ気もないのに厳しい球についバットが出てしまう……そんな集中しきれていない様子の向こう側に、ツキがなさそうな雰囲気が不思議と伝わってくるのだ。そんなときは、「あ、インケツみっけ」と心の中で叫んで、ピンチのときには必ず彼で勝負するようにしていた。

キャッチャーはそんな自分をいぶかしげに思ったことだろう。でも、「ここは四球を出して、次のインケツで勝負する」と判断した方が、思い通りの結果をもたらしてくれることが多かったのだ。

逆に、最高に調子が良かったはずなのに、ある打者を迎えたとたん、突然ストライクが入らなくなることもあった。違和感を無視して投げては打たれる経験を繰り返した後、ふとこんな思いに立ちいたった。「ああ、これはバッターのタイミングが合っていたから身体が嫌がっていたんだな」と。

それ以降は身体のセンサーを信頼し、無理にストライクを取らず次の打者で勝負するようになった。結果として勝負強くなり、勝ち星が増えていったのだから面白い。次の打者には普通に投げられることが、我ながら実に不思議だった。

このように身体感覚に異変を感じたとき、素直にそれに従うと、一番正しい選択結果となってあらわれることが多かった。坐禅で心を整えるようになってからは特に、頭では知覚できないような微細なきざしを身体が感じ取ってくれていたように思う。

自分なりの勘は馬鹿にせず、一度は従ってみるといい。
頭では知覚できない微細なきざしを身体が感じているのかもしれない。

▼シモのこぼれ話

勝負の世界で運は大事な要素なのだけど、メンタルを整えるようになってからは特に、人生すべての局面で運が良くなったように感じている。

自分が最多勝を取った試合だって、味方のファインプレー、奇跡的な同点ホームラン、サヨナラホームランは言うに及ばず、自分が九回裏の打席に立つドラマのお膳立てまで含めて、自分の力じゃとてもなしえない、まさに運の賜物だった。あの試合では人生を変えてしまうような大きな流れを感じたよ。


自分なりの〝運〟論を言うと、運が良い人は、人のせいにしない人が多いように思う。これは精神論ではなく、人のせいにしがちな性格の投手は実際に勝てないことが多かった。

つまり、結果が悪かったら「ああ自分が悪かった」と思い、結果が良ければ「ああ助けてもらった」と感謝する、そういう考え方の人が運を呼び込んでいたんだ。

ある意味、これは当然の帰結とも言える。
「自分の打ち方が悪かったから打てなかったんだ」と考える人は反省の末に努力をする。その結果、技術が向上するから、それが運と呼ばれる活躍につながっていくのだと思う。裏を返せば、人のせいにする人は努力をしなくなる。そして、感謝をする人はチームメイトが盛り立ててくれる。

そう考えると、その人がやってきたことや人柄の総体が運の正体と言えるのかもしれないね。

其の十、勝利を呼び込むのは軽やかな心

『勝利を招きよせるために必要な、軽快さとリズム』

勝利や運を引き寄せる上でも、ゾーンに入る上でも、大切なのは軽快さとリズムだと信じている。

野球では投球にこだわるあまり、神経質で重たい雰囲気をかもし出しながら、球ごとのリズムの悪い、重たいピッチング（という言葉でしか表せないのだけど）をしている投手はなかなか勝ちに恵まれない。そんな投手が投げた試合は打線に火がつかず、試合が動かないことが多いからだ。重たい雰囲気の中でバックの守備をこなしたことにより、味方打者の士気まで落ち込んでしまったからかもしれない。

「このピッチャー、リズムが良いから味方が打ってくれますよね」とよく解説者が言うように、勝つための〝流れ〟を作り出せる投手に共通した特徴は、軽快さとテンポの良

いピッチングのリズムを持っていることだ。
その典型が田中将大投手だ。彼のようにテンポよくリズムを作ることができると、点を取られてもなぜか味方打線に火がつき、逆転勝利がもたらされたりする。彼のすごさはピッチングだけではないのだ。

練習の際も、軽快に努力することをおすすめしたい。

ワクワク感を持ち、しんどい練習の中に少しでも楽しみを見つけながらやる方が成果に結びつきやすい。経験上、苦しいだけの努力は実を結びにくいし、そもそも長続きしにくいと思う。

ゾーンに入るためには、前に述べたようにセルフ・イメージの大きさ、つまり自信が必要だ。そのために極力失敗体験を忘れ、成功体験を刻み付けることを心掛けるアスリートさえいる。重くなってしまうのは、心の奥で不安感を抱えているからではないか。

自信や内面の気迫は周囲の人間に伝染する。テンポの良いピッチングをする、軽やかな投手ほど勝利に恵まれることが多い理由はこのあたりにあると考えている。

暗くて重い練習を重ねても、ゾーンと勝利は呼び込めない。
大切なのは軽快さと、そしてリズムだ。

▼シモのこぼれ話

「ゾーン」に入るために一番大切なもの。それは何だと思う？

答えはプレッシャーだ。ゾーンに入る要素として外的ストレスは絶対に必要だと思っている。「練習でゾーンに入りました」という選手の話なんて聞いたことがないよね。

人間が生きていく上で、時にはストレスも大切だ。重力がなかったら人間の骨もダメになるらしい。

引退後の今はほとんどストレスがかからない……ということは、自分の成長も止まってしもたのかもしれない（笑）。

愛弟子・下柳を語る特別インタビュー・2

すべてを野球に懸けた、男の生きざま

福島大学教授　白石　豊

一九五四年生まれ。福島大学人間発達文化学類教授。メンタルトレーナー。専門はスポーツ運動学。独自のメンタルトレーニング理論により、女子バスケットボールの五輪日本代表チームをはじめ、スピードスケート五輪銀メダリストの田畑真紀選手、テキサス・レンジャーズの田中賢介選手など、数多くのスポーツ選手を指導。さらに、二〇一〇年サッカーワールドカップ日本代表、岡田武史監督のチーム作りをサポートした。

坐ることを教えたのは下柳だけ

――下柳さんとはどのようなきっかけで出会ったのですか。

白石　二〇〇一年、日本ハムから若手選手のメンタル面についてのアドバイスを定期的に依頼されたのですが、アドバイス対象者ではなかった三二歳の彼が、一番喰らいついてきたんです。それから彼がトレードに出されるまでの二年間、顔を合わせるたびにいろいろ聞いてきましたね。

――そして、阪神に移籍した下柳さんは白石先生に個人的な指導を依頼、ついにライフワークとも言える坐禅に出会います。彼に坐ることをすすめた理由を教えてください。

白石 タイガースに移籍し、観客の多さから来るプレッシャー対策を相談されたことがきっかけでした。「心がザワザワする」と言うから、「じゃあ、ちょっと五分間目を閉じて坐ってみて」と答えたところから始まったんです。

タイガースに移って心機一転、年齢というハンデを克服して、どうしても結果を出したいという強い気持ちがあったのでしょう。かなり早く坐れるようになった印象はありますね。これまでたくさんの選手を指導してきましたけど、「坐れ」と指導したのは彼だけです。

――阪神初期、他に取り組んだことはありましたか。

白石　感情のコントロールです。それまでの彼は審判にクレームをつけたり、味方の野手に文句を言うような場面もありました。しかし、怒りの感情はパフォーマンスに大きな悪影響を及ぼしますし、また動揺が相手チームに手に取るようにわかって、その隙《すき》につけ込まれますからね。常に冷静な気持ちでプレーするためには、しぐさ、表情、姿勢、歩き方、目線といった外側の振る舞いからコントロールしなければなりません。彼は一切の喜怒哀楽をマウンドで見せないことを決意し、努力し始めました。私も彼の登板を毎試合ＨＤＤレコーダーに録ってチェックし、アドバイスを続けました。その結果、激情家と言われていたのに、ひょうひょうと投げるスタイルに変わっていったのです。

前後際断

――下柳さんと言えば、グラブに刺繍された「前後際断」が有名ですが、先生がその

白石　出典である沢庵禅師の『不動智神妙録』の存在を教えたそうですね。

「先生の本はもう暗記するほど読んでいる。我々はローテーションがあるし、移動も多い。何かピッチングの心がつかめるような良い本はないですか」と言ってきたのです。

「沢庵さんって知ってる?」と聞いたら、「ああ宮本武蔵の」と言うから、「吉川英治の小説の設定では武蔵の師匠役だけど、本当は柳生宗矩という将軍家ご指南役に禅の心を教えた人なんだ」というところから話が始まって。

鎌倉時代、武士階級の台頭とともに禅は普及していきました。ですが、剣の道に直接禅のお坊さんが、まとまったアドバイスをした例は江戸時代の沢庵さんがおそらく最初なのではないでしょうか。「心をいずこに置こうぞ」から始まって、これほど勝負について本格的にまとめられた本はありません。

あの時代の武士は勝負に負けたら死ぬわけですから、下手なメンタルトレーニングや心理学の本よりはるかにすごいことが書いてあるはずだと感じました。

そう、シモに一番合うような気がしたんです。

一週間ぐらいすると、「先生がおっしゃりたかったのはこれですよね。前後際断」という電話がかかってきました。それから彼はその四文字をすぐグラブに刺繍したのです。

願わなければ、かなわない

――二〇〇五年の最年長最多勝のときは、どんなことを話し合ったのでしょうか。

白石 その年の一月、たまたま同じ赤坂プリンスホテルに泊まっていたとき、彼からこう言われたのです。

「先生、僕は三七になります。タイガースに来て、優勝も二ケタ勝利もできました。メンタルも技術も良くなったから、もっと勝てそうな気がするんです。今シーズンは今までで一番コンディションが良い気がします。僕はまだタイトルを取ったことがないのでタイトルが欲しいです」と。

そこで、「何のタイトルを取りたいの」と聞いたら、「最多勝」と答えました。

続けて彼はこう言ったのです。

「でも阪神の若い連中が、『そんなのやめた方がいいですよ。一億超えるお金をもらっているのだから、最多勝なんかにチャレンジして肩や肘に負担かけるより、細く長くやればいいじゃないですか』と、年寄りの冷や水みたいな言い方をするんです。先生どう思われます」と。

私は即座に、

「シモ、僕と何年付き合ってんの。〝願わなければかなわない〟でしょう。やりたいんだったらやればいいじゃない。でも、ただ〝最多勝〟と思っているだけではダメだよ。そのためにこれからどんな毎日を送るかが大切なのだから、最多勝という結果を残すために毎日何をしなければいけないか、ここで経過の目標（日々の行動目標）を立てていってね」と言いました。

そのとき「何勝したいの？」と聞いたのですが、「一五勝」と彼が言ったことが忘れられないですね。ピッタリだったから、あとでびっくりしました。

──夢がそのまま実現したシーズンだったとは驚きです。

白石「デートがある日でも、帰ってまず行うのは、すべてをシャットアウトして坐ることだった」と話していました。緻密に経過の目標をこなしていたのでしょうね。だから、彼に対しては五輪選手がよく使うアファメーション（最終目標と経過の目標を紙に書いてイメージすること）という目標達成技法をアレンジして教えるだけで済みました。シモは飛び越えていたのです。詳しく紙に書かなくても、きちんと最終目標をイメージでき、それに向かって何をしたら良いかまでできてしまうのです。

そのあとすぐ自主トレが始まりました。会った次の日から一五勝を挙げるために、自分を鍛えあげたわけです。食べ物も、睡眠も、練習内容も整えて……あれほど自分に厳しい人はいないと思います。

最多勝の裏側で

――最多勝を取った日のことを教えてください。

白石　シーズン終盤、彼は広島の黒田（博樹投手）と一四勝同士で最多勝争いをしていたのです。一〇月四日、「明日の最終戦に投げます」と電話がかかってきました。黒田は下柳よりあとに試合が控えています。もちろん黒田が負ければ一四勝同士で並ぶのですが、最多勝獲得のためには、絶対落としたくない試合でした。その日は福島の自宅でずっと応援していました。九回裏のまさかの打席に立つ場面をはじめとする数々のドラマを経て、鳥谷（敬選手）の劇的なサヨナラホームランで幕を閉じたわけですが、その瞬間はテレビを見ながら飛び上がっていましたよ。

あとで彼から電話がかかってきました。「ご覧になってましたか」「いやあ見てた、すごかったねえ。劇画みたいな終わり方だね」と言ったあと、鳥谷をホームで迎える際、ベンチから出てきた彼のユニフォームのベルトが外れていたので、何をしていたのかと聞いたら、こう言いましたね。「先生、もう着替えてたんです。岡田（彰布《あきのぶ》）監督から『チームの勝ち頭をこれ以上投げさせるわけにはいかない。日本シリーズがあるからもうこらえてくれ』と言われていました。実際、もう投げられなかったんです。ユニフォームを着替えていたら、『カーン』という音とともにものすごい歓声が上がり、ロッカーにマネージャーが飛び込んできて、勝利の報告をしてくれたんです」ということでした。

（→「ルポ・最多勝の舞台裏」174ページ参照）

白石――このシーズンは下柳さんいわく、「ずっとゾーンに入っていた」と。

相手の打ち気がわかるとか、ここをこう外したらいいとかね、予知能力みたいなことを言っていたのです。すべてが研ぎ澄まされていたのでしょう。

時々ゾーンに入る選手は聞いたことがあるけれど、彼は「いや一年間ずっとですよ」って言い放ちましたからね。ずっとゾーンに入り続けるなんて、本当にすごいことですよ。

目標に向かって不要なものをすべてそぎ落とし、常に「俺は最多勝を取る」と信じながら投げ続けた結果でしょう。
もちろん彼だけの力でなく、バックも盛り立ててくれた。独りよがりのゾーンじゃなくて、周りも巻き込んで大きなゾーン現象があらわれたのだろうと思います。

その男気に涙して

――引退前の下柳さんについて教えてください。

白石　当時の楽天はとにかく打てなくて……彼は一、二点しか取られないんですが、勝てませんでした。プロ野球はチームの負けが込んできて、Aクラスのチャンスがなくなったと思ったらベテランを使わないんです。最後はそのような流れでしたね。
その後、いくつかの球団からコーチの誘いもありました。でも、彼はそれを蹴って大リーグへの挑戦を選んだのです。
ドジャースのトライアウトでは、捕手が未熟で変化球が投げられないという大きなハンデの中、彼は緩急だけで打者を完全に制していました。でも、ストライクゾーンの違いのせいで合格することはできなかった。

——あの頃の白石先生が、大リーグに挑戦する下柳さんの話をした際、涙をにじませたことを覚えています。

白石　「楽天で何もできなかったままで、俺、野球やめられないんです。だから行ってきます。死に場所探しますす」と言って、コーチの口を捨ててアメリカに出て行ったのですから。男の生きざまを見ましたね。
本当に見事なプロ野球人生だったと思います。そして、実に彼らしい男気あふれる幕の引き方でした。

▼シモのこぼれ話

二〇〇一年から、日本ハムの若手にメンタルアドバイスの機会が持たれることとなった。オリンピック選手を指導した有名な大学教授に教わると聞いてはいたけど、最初「きっと洗脳や」と若手を茶化していたのは、ここだけの話ということにしてほしい（笑）。

ただ三〇歳も過ぎ、自分の壁を壊したくて方法論を探し回っていた時期ではあった。ムラっ気の多さから、良いときと悪いときを繰り返す安定しない野球人生を考え、本当はメンタルのことが少し気になりだしてはいたんだ。

同年三月、その白石先生が若手選手と面談をするために、東京ドームにいらっしゃった。たまたま同じ日のオープン戦で自分が投げたんだけど、一イニングで九失点もしてしまってね。マウンドから降りてすぐ、先生のいる部屋に飛び込んで「自分もお願いします」と頭を下げたことを覚えている。

前年秋の日米野球で、アメリカチームから「柔らかい」とのクレームを受けて固められたマウンドがそのまま放置されていたらしく、その日のドームのマウンドはコンクリートのように硬かったんだ。それが気になって調子を崩し、失点を止めることができなくなってしまった。つまり、自分は失点をマウンドのせいだと思い、文句を言ったんだよね。

でも、先生のメンタル理論で言うと〝外側からのプレッシャーは皆に等しくかかるもの〟なんだ。相手投手も、前に投げた投手も登板条件は一緒なのに、自分だけ「硬くて投げられるか」みたいな話では通用しないことに気づかされたよ。

その日以来、白石先生とお話をさせていただくようになり、阪神に行ってからは個人的なご指導をお願いした。後に先生からは瞑想法や感情コントロールなど、あまりにも多くの影響をいただくことになる。まさに、人生を変えた出会いだった。

第二章

どん底から這い上がれ

―プロフェッショナルの学び方十箇条―

其の一、プロフェッショナルとして持つべき本当のプライドがある

『練習でカッコ悪いなんてないんだよ。試合で打たれるのが一番カッコ悪いんだ』

現場に出ることを嫌がったり、人に教えを請うことをためらうなど、年齢や地位の上昇とともに体面にこだわり出す人は多い。あなたも「カッコ悪いから」という理由で、大事なことをおろそかにする人を目撃したことはないだろうか。

球界でもある程度実績を積むと、みんな打撃投手をやりたがらなくなる。「カッコ悪い」「照れくさい」と言う人もいるし、「やると調子が悪くなる」という持論の人もいる。

自分はベテランになっても、打撃投手を決して拒むことはなかった。いや人一倍、強いこだわりを持っていた。

まずゲーム前にマウンドに立つことができ、実戦の雰囲気を一足先に感じることができる。だから、本番のマウンドに上がったときは、その分緊張や力みが少なくなっている。次に、打撃投手ほど打者心理を読みながら投げられる機会もない。好き放題打たせるばかりじゃなく、相手の心理を読みながら、同じ真っすぐを放る場面でも力を入れたり、ちょっと抜いてみたりと工夫を凝らす。

自分が他人より打者の動きや心理を敏感に感じられるようになったのは、長い間の打撃投手としての積み重ねが、身体に刷り込まれたからだと思っている。だから調子が悪くなるたびに、必ず打撃投手を務めることにしていた。

打撃投手の価値に気づいていない投手が多いが、本当にもったいない。

打たれた投手は、しばしば試合後、「打者との感覚がイマイチつかめなかった」というニュアンスのコメントを残す。であるならば、打者との感覚をつかむために、打撃投手をたくさんすれば良いだけのことだ。

感覚を磨く場所は目の前にあるのに、どうしても「カッコ悪い」からとプライドが妨げとなり、大事な基本をやりたがらない。

でも、練習でカッコ悪いなんてないんだよ。試合で打たれるのが一番カッコ悪いんだ。

プロだからこそ、基本をおろそかにしてはいけない。そんな風に、自分に負けることの方がずっと恥ずかしいことだと思う。

年齢や地位が上がり、カッコ悪いからと基本をおろそかにしていないか。
自分の意識に負けることの方が何倍も恥ずかしいことのはずだ。

其の二、異分野を上手に取り込め

『最大の敵は慣れ。好奇心とどん欲さで既成概念の向こう側にチャレンジせよ』

心においても、身体にとっても〝慣れ〟とは怖いもので、安心できるルーティン的な練習や仕事が、実は自分の成長の機会をこっそり奪っていることもあると思う。既成概念の枠を外し、ありとあらゆる異分野のものを試していく過程の中で、ベテランになってからの逆転の秘訣を見つけることができたと自分は考えている。

トレーニングに対しては、誰よりもどん欲だった。いつも、「もっと効果的に鍛えることはできないだろうか」と積極的にアンテナを張っていた。良いと言われることは何でも試してみた。ボクシング、総合格闘技、短距離走、やり投げ、クロスカントリー、ピラティス、加圧トレーニング……。

野球ばかりしていると慣れが出るし、身体の使い方もどうしても偏ってしまう。だから、違う競技の練習法を試すことで、少しでも違う刺激を入れたかったんだ。

やはり印象深いのは陸上トレーニングだ。自分はバルセロナオリンピック四〇〇メートルリレー代表選手の鈴木久嗣《ひさつぐ》さんにパーソナルトレーナーとなってもらい、三七歳のとき、クラウチングスタートで五〇メートル六・二一秒にまで達することができた。高校時代に六・八秒だった自分にとっては、驚くべきタイムだった。

自主トレは、朝イチで犬を連れて散歩したあと、まず瞑想の時間から始まる。朝食後一〇時から一三時ぐらいまでトレーニング。もちろん、練習場所は野球場ではなく陸上競技場だ。昼食を摂ったあとは、一四時から一七時ぐらいまでウエイト・トレーニング……。

鈴木さんに陸上を教わっていた四年間は、二ケタ以上の勝ち星を挙げ続けることができた。異分野の練習を取り込むことに対して外野からいろんな意見はあったけれど、この成績が一つの答えになったと思っている。

どんな仕事でも慣れが生じると、死角が生じてくる。営業なら、自分が扱っているものとは異なる分野の商品の営業を受けているときに新しいヒントがもらえるかもしれない。楽器奏者が古武術の身体操作法を真似てうまくいったという話も聞いたこともある。

今あなたが壁にぶつかっているとしたら、それを打破する答えは、既成概念を外して異分野の人たちの極め方を取り入れることにあるのかもしれない。

ベテランになってからの逆転の秘訣は、
異分野における極め方の中にある。

其の三、下柳流ギブ・アンド・テイクとは

『最高の結果を手に入れるために、最高の努力を費やしているか』

「厳しいトレーニングをしてすごいですね」と言われるけど、プロとしてお金をもらっている以上、最高の努力をして、最高のパフォーマンスを見せるのは当たり前だ。

野球が好きでプロになったんだ。好きなことにさえ一生懸命取り組めないようなら、何をやっても決してものにはならないはず。

その仕事が好きで成功したいなら、つらい努力から逃げない心構えを持とう。

ギブ・アンド・テイクが世の中のルール。

何もなくして、成功なんか手に入らない。何にでも準備は必要だし、その準備も頭を使っていかに工夫を凝らしていけるか、それが成否を分けるポイントとなる。

良いものを買うためにお金をたくさん費やす人は多いけれど、良い結果を残そうと

思っているのに、それに見合うだけのあらゆる角度からの努力を費やす人は非常に少ない。

禁欲や難行苦行をすすめているわけじゃない。大事なのは、何が自分の中のメインなのかをハッキリさせること。練習のあとで、飲んだりカラオケに行ったりしても全然かまわない。「飲んだあとは倍走る」という〝ギブ〟さえあれば、おのずと〝テイク〟はついてくる。

球界は生き馬の目を抜く競争社会。ベテランになってからは、若手が自分よりも早く練習を引き上げて帰る光景を複雑な気分で眺めていた。
「経験も技術もないその子たちが先に帰ってしまうと、自分を超えることは絶対にできないから、当分安泰だ」
――そんな嬉しさと悲しさが入り混じった気持ちを振り切るかのように、彼らが帰った分まで長く練習をやっていた。

最高の結果を手に入れたいのなら、
最高の努力を費やしているのか自分に問いかけてみてほしい。
成功のルールもギブ・アンド・テイクなのだから。

▼シモのこぼれ話

しんどいことをやる覚悟がないとマウンドに立っちゃいけない、そう信じていた。トレーニングでは、どれだけ実戦に沿った練習ができるかが重要だ。

自分の場合、ゲームでピンチになると脈拍が一六〇近くまで上がる。そこで、その状態を再現するために、ランニングとピッチングを組み合わせたトレーニングに積極的に取り組んだ。

例えば、強烈なダッシュで脈拍を一六〇まで上げてから、一イニングの平均投球数である一五球を全力でピッチング、そして脈拍が落ちないよう再びダッシュとピッチングを繰り返すというトレーニングだ。

若手に一回やらせたけど、二度とやらなかったね。楽天のキャンプではじめてやったときは「何してるんですか」みたいな感じで、みんなきょとんとしてたよ。

もう本当にきつい。脈はバコバコ音を立てているしね。

これが嫌になったら辞めなきゃダメだな、というバロメーターにもなっていた。

そんな練習をやってきたから、ピンチのときに脈拍が上がっても何ともなかったし、一塁カバーに行ったあと、コントロールを乱すことにも無縁だった。

野球エリートになったことがないから、好きな野球にも苦しいことはつきものだと小さい頃から思っていた。

マウンドに立たせてくれるなら今でもやるよ。

誰だ、年寄りの冷や水と言ったのは（笑）。

其の四、コミュニケーション下手でも思いは伝えろ

『コミュニケーションの質は、その量によって決められる』

コミュニケーション下手で悩んでいる人がいる。自分などその最たるものだろう。でも自分なりに見つけたコミュニケーションの鉄則がある。

仕事とは、基本的には共同作業だ。野球も同じ。自分一人で勝てるわけがない。投手は捕手の意図を感じて投げなければいけない。また、捕手はその意図を投手に伝えなければいけない。お互いが理解し合ってはじめてバッターを抑えることができる。

経験不足の若手がマスクをかぶったとき、自分はいつもこう言っていた。

「正解か不正解かなんて、経験がないのに考えてもわかるわけがない。とにかく間違っていてもいいから、投手に自分の意志を伝えることだ。ただ言うだけではなく、『コー

スを狙ってほしい』、『ストレートが欲しい』とジェスチャーでも示せ」と。

バッテリーの信頼関係は球数が作り上げていく。

中には悪いサインもあるだろう。でも、正解か不正解かより、大切なのはブルペンで受けた球の数。伝えた思いの数だ。それによってはじめて、お互いの考え方や癖を理解することができる。不正解を正解に持っていくための意見交換もできる。

ベテランが信頼される理由は、それだけの球数を受けてきたことにある。だから若い捕手には、「しんどいだろうが、とにかくブルペンに球を受けに行け」と言っていた。

ビジネスでも同じではないだろうか。嫌われることを恐れて最低限のメールで済ませたり、上司の叱責を恐れ、報告や相談を怠ったりしてはいないだろうか。

不正解でもいい。思ったことを伝えることが重要なんだ。それによって、相手は別の提案もできるし、腹の中がわかれば、たとえ意見が違っても決してトラブルになることはない。

不正解でもいい。思ったことを伝えることが重要だ。
腹の中がわかれば、
たとえ意見が違っても決してトラブルになることはない。

▼シモのこぼれ話

信頼すること、信頼されること。これは何よりも大事。

自分はキャッチャーの矢野（耀大《あきひろ》）と互いの胸の内をわかり合える関係だった。最多勝を取らせてもらえるリードをしてもらったことに、心から感謝している。

金本（知憲《ともあき》）も自分の投げる試合には、思い入れを持って打席に立ってくれていた。まさに心の支えだった。

彼が辞めるときは本当にもったいないと思った。試合後、自分らが風呂でのんびりしていた間に、一人で長時間のスイング練習をこなした彼が汗びっしょりで帰ってくることもあった。調子が良いときほど「身体に植えつける」と言ってやっていたことを思い出す。

試合解説中、クロスプレーでうずくまる阪神の若手を見ると、つい、「『痛い』だなんて。金本なんか骨折しても試合に出てたのに、今まで何を見てたんだ」とつぶやいてしまう。それほど良いお手本だった金本と一緒にプレーできたのは、自分のかけがえのない財産となった。

この三人は、互いに微妙なライバル心を持っていて、それが絶妙なバランスの関係を作り出していた。ベタベタ近寄ることもないし、何かあったらパッと集まる。そんな距離感の交流が現役時代の支えだった。それがなかったら、これほど長く選手生活を続けられなかっただろう。

そしてこんな関係は、おそらく二度と作れないだろう。

其の五、感情コントロールの裏技——秀太事件の真相

『大声を出すことによって、怒りの感情を一瞬で消してしまうことができる』

自分ほど激情型だと言われる選手もあまりいないかもしれない。

メンタルマネジメント的には、ゲーム中の心的態度のうち、「怒り」が一番ゲームを破壊し、勝利を逃す感情だと言われている。だから、短気だった自分は感情をコントロールするために、グラブに愛犬ラガーの刺繍を入れたり坐禅を組んだりと、様々な工夫を凝らしていた。

いまだにマウンドにグラブを叩きつける映像が話題になることがある。阪神ファンの方なら、二〇〇七年一〇月のいわゆる「秀太事件」を覚えている方もいるのではないだろうか。

勝利投手の権利を目前にした五回一死、四球で出した走者を併殺にするためにセカン

ドゴロを打たせたところ、ショートの秀太が失策したのだ。次の打者に対しては、失敗した秀太に花を持たせようとわざと併殺狙いのショートゴロを打たせた。ところが、またも彼は失策。

その次もショートへ打たせたら、またもや秀太が……。

表紙の写真は、この直後の自分をとらえたものだ（良い子は真似をしないでください）。以来、そのときの映像が「キレる下柳」として、たびたびテレビやネット上をにぎわせたけれど、あれは勝負どころで激しい怒りの感情にとらわれそうになったとき、わざと大声を出すことで一瞬にしてその感情を捨ててしまうメンタルテクニックに基づいた行動だった。悔しさを抱え、モヤモヤしながら投げ続けるのではなく、感情をいったん出してしまって、早く冷静さを取り戻そうとしたのだ。

例えばテニスのダブルスのようなペアスポーツなら、事前にパートナーと「相手が大きなミスをしたら、その瞬間だけは叫んでも良い」とルールを決めておくといい。感情を引きずりたくない場面では、かなりの効果があることを実感していただけるだろう。

逆に怒りを内にため込むタイプの人は、エラーした選手に「ニコッ」と笑いかける手もある。「エモーション（感情）をコントロールするにはまずモーション（動作）から」というメンタルテクニックがあるが、笑う表情を作るだけで、自分の気持ちまで本当にやわらいでくるものだ。

「秀太事件」の映像の最後には、ニコッと笑っている自分の姿が映っている。先日秀太に会ったとき、彼は「あのときシモさんは、次も絶対にショートゴロ打たせるってわかっていました。そういう配球だったから」と言っていた。わかっていたから、逆に硬くなってしまったのだろう。

いや、ゴロになった瞬間、「ほら、打ったぞ！」と叫んだ自分の声のせいかもしれない（笑）。

「怒り」の感情ほどゾーンへの入口を妨げるものはない。
そんなときは「怒らない」のではなく、あえて一瞬、大声で叫ぶといい。

愛弟子・下柳を語る特別インタビュー・3

負けず嫌いの哲学

慈眼寺住職　塩沼亮潤《りょうじゅん》

一九六八年仙台市生まれ。八七年吉野山金峯山寺で出家得度。九九年史上二人目となる大峯千日回峰行満行を果たす。二〇〇〇年四無行満行。〇六年八千枚大護摩供満行。現在、仙台市・慈眼寺住職。著書に『人生生涯小僧のこころ』『日本人の宝（共著）』など

出会いのきっかけ

――下柳さんは、どのようなきっかけで慈眼寺を訪ねてこられたのでしょうか。

塩沼　直接の出会いは昨年になりますが、下柳さんは、私の存在を以前からご存じで、

ずっと会いたいと思ってくださっていたそうです。

そして二〇一二年、楽天イーグルスに移籍することになった際に、「誰か慈眼寺の阿闍梨《あじゃり》さんをご存じないですか」と球団関係者に聞いてみたら、仁村徹さん（楽天チーフコーチ）が知っていたと。同じ仙台ということもあり、それがきっかけでご縁をいただいたとうかがっています。

――今日、護摩に参詣させていただいて、行《ぎょう》の美しさに理屈を超えた感動を覚えました。下柳さんが塩沼阿闍梨のもとを訪れる理由の一端を垣間見たような気がいたします。

塩沼　ピッチャーに例えていえば、いわば中六日で護摩のローテーションが回ってきて、その合間に講演が入ってくるようなスケジュールなのですが、護摩行においては、毎回必ず前よりクオリティが高くなるように心掛けています。目に見えない高みを常に追い求め続ける、そこが私と下柳さんとの共通点かもしれませんね。

――お二人の求道心の強さは、常人をはるかに超えているかもしれません。

塩沼　年も一緒。一匹狼で、自分から決して欲を出して手を伸ばさないところ。そして、ご縁に従って〝できることをさせていただく〟、というところも似ているかもしれませんね。

私は人と人のご縁が何より大事だと思っています。縁というものは、授かるものですよね。会える方とはお会いできますし、いくら自分が頑張っても会えない方とは決して会えません。そのように天地が与えてくれたものである以上、縁は大事にしないといけません。

中には、「この人への用事がなくなったら、次はこちらの人」という風に、縁を使い捨て、人を踏み台にして渡り歩いてゆく人もいらっしゃいますが、そういう方は、人生にせよ仕事にせよ、一度ピークを迎えたら、あとは落ちていくだけだと思うんです。

下柳さんはそういう方たちとは全く違います。実に人の縁を大切にされる方だなと、私は非常に感心しているんです。

塩沼――

おっしゃる通り、人情にあつい方ですね。

お寺を訪ねてくるプロ野球選手、みなさん口をそろえて「下柳さんに大変お世話になっているんです」とか、「下柳さんって本当にいい人ですよね」と言うんです。テレビの「珍プレー・好プレー」でグラブをマウンドに叩きつけているイメージとは全然違って、実に優しい親分肌の人ですよ。「一番男気のある人間は下柳さん」と言う人もいらっしゃいますしね。

下柳が惹《ひ》かれた千日回峰行《せんにちかいほうぎょう》とは

――では、下柳さんが惹かれた行の世界についてうかがわせてください。塩沼阿闍梨がなされた大峯千日回峰行は、まさに命懸けの行です。「途中で行を断念したら、その場で自害せよ」という厳しい掟のもと、想像を絶する悪条件と戦いながら、一日四八キロ、高低差の激しい山道を千日間歩き通す――しかも睡眠時間は四時間半以下でないと、踏破できない過酷な道のり。世界的にも、これほど厳しい修行は珍しいと思うのですが、どのようにして乗り越えられたのでしょう。

塩沼 行の最中、私は決して、「今日は行きたくない」とか、「もしかすると途中でリタイアするのでは」、あるいは「もしできなかったらどうしよう」などといったマイナスな思いを持つことはありませんでした。

人から見れば苦しみの極みのような行であったかもしれませんが、「苦しい」という思いが頭によぎったことは、ただの一度もなかったですね。なぜなら、誰か他人に頼まれてやらされたわけじゃなく、自分で好きでやったものでしたから。好きでやったことを苦しいと思うわけ、ありませんよね。ですから、身体に受ける苦痛はあっても、それを精神的な苦痛だととらえることもありませんでしたね。

――熊との遭遇や落雷、病気など、命の瀬戸際に直面する日常や、九日間食わず、飲まず、寝ず、横にさえならない〝四無行《しむぎょう》〟を乗り越えることは、普通では絶対にできないと思います。

塩沼 心の中がとても純粋で、神さまとか仏さまが宿ってくださるような感じでないと、できません。「この行を成し遂げたら記録になる」「有名になる」とか、「住職になれる」「大阿闍梨になる」……というような考えが少しでもあったなら、この行は成し遂げていなかったでしょうね。

やっぱり天と自分、そのにらめっこなんです。

千日回峰行は、比叡山で相応和尚《そうおうかしょう》という方が始められました。野山を散歩して、花を摘んでは山のほうぼうにあるお堂にお供えしていく、そんな姿から始まったと聞きます。行って、そういうものではないでしょうか。

行者が、〝行屋〟になってはいけないと思うのです。

中には「自分はこれだけつらいことをしたから、偉いだろう」と、天狗になって深みにはまる人もいる。しかし、行というものは天を相手にするものです。「これだけすごいことをしているんだ」と、他人に見せる気持ちでおこなう行は、行ではなくショーです。そういった人間の自我、欲望を断ち切って、真理に近づこうとするのが行です。みんなそこを目指してアプローチしていくのですが、残念ながら、挑戦した全員が到達できるわけではありません。

鮭のようなものです。生まれた川に戻ってくる鮭は、確率的には少ないでしょう。

実に厳しい世界ですね。

——

塩沼 修行とは、わがままな自分自身が、ありとあらゆるとらわれから解き放たれて、真に生きられるようになるためにあります。でも、苦しいかどうかは、受け止め方次第、考え方次第なんですよ。

負けず嫌いの哲学

――それでは、読者の方が徹底して何かに打ち込む際、大切にすべき心の持ち方について教えてください。

塩沼 そうですね、いい意味で「負けず嫌い」の気持ちかと思います。私は、普段はとても穏やかなのですが、自分自身に対しては、ある意味では攻撃的かもしれません。例えば、自分よりもすごい方と出会ったとき、胸に一ミリぐらいですが、言葉は非常に悪いけれど、「チクショー」と思うんですよ。もちろん、それは相手に対してじゃなく、自分に対して思うんです。でも、この負けず嫌いの気持ちが、今まで自分を支えてきたと思っています。まさに成長の原動力ですね。

――なるほど。どんな世界でも、負けず嫌いじゃなくて一流になった人はいないでしょうね。

塩沼 そんな気持ちが下柳さんと合うんですね、多分。

――下柳さんも「負けず嫌い」だと、ご自身でおっしゃっておられました。

塩沼 何かの話のときに、「シモさん、喧嘩は売っちゃいかんけど、売られた喧嘩は絶対に負けたらだめだよ」と言ったら、下柳さんが「いや、阿闍梨さんからそういう言葉が出るとは思いませんでしたね」なんておっしゃっていましたね。

――貴重なお話をありがとうございました。

其の六、常識をうたがえ

『大切なのは決めつけないこと。アウトの取り方に正解はない』

常識やセオリーを無条件に信じすぎてはいないだろうか。

野球にも、「変化球は低めに投げないといけない」という固定概念がある。

やるべきことをすべてやりつくしてしまい、相手打者から狙われているのは明らかなのに、それでもスライダーを投げるしかない場面に遭遇したことがある。そのとき、「誰がスライダーは全部低めに投げないといけないって決めたんだ。もしかすると、高めも有効なんじゃないか」という考えが突然浮かび、高めのスライダーに賭けてみたくなった。

そして球がミットに吸い込まれた瞬間、アウトの取り方に正解なんてないと確信したんだ。

それからはセオリーをうのみにせず、高めでも使える球種があるかもしれないと、様々なことを試みるようになった。

練習でも「怪我のもとになるから」と反対する人も多かったが、格闘技や陸上の練習を積極的に取り入れて、結果も出すことができた。

決めつけないことこそ、何よりも大切な学び方ではないだろうか。

常識が、時には道を妨げることもある。

高校時代、「お前は何になりたいんだ」と親戚に聞かれた際、「野球選手」と答えたところ、「やめておけ。なれるわけがない」と言われてしまった。

長崎県でプロ選手になった人は自分の学年ではたった二人だ。当時の高校野球人口から考えると、「やめて勉強しろ」という意見の方が確率論的には間違いなく正しい。

そして、最多勝を願ったときも反対する人がいた——そもそも本気にした人が少なかったのだ。今思うと当たり前。だって三七歳。球は一四〇キロも出ないのだから。

そして四〇歳過ぎてもプレーを続けているなんて、プロ入りする頃の自分には決して想像できなかっただろう。

筋力・選手寿命といった、冷徹なはずの〝常識〟の壁。しかしその壁は、今までのセオリーになかった〝心を整えること〟をきっかけにもろくも崩れ去っていった。

野球もまた、一般に考えられているよりもはるかに、精神的なものが大きく左右する世界だった。

技術を身につけるときも、目標を定めるときも、大切なのは決めつけないこと。

本当に好きなことのためには、時には常識さえも疑うことが必要だ。夢をかなえるための王道なんてない。

そして、アウトの取り方に綺麗も汚いもない。打たれそうなバッターだったらぶっつけて、次のバッターで勝負したらいいのだから。

おっと、筆が滑ってしまったようだ（笑）。

常識を無条件に信じすぎてはいないだろうか。
学び方の極意は決めつけないことにある。

▼シモのこぼれ話

日本ハム二年目の一九九七年、イチローの二一六打席連続無三振記録をストップすることができた。

友人一家と一緒にご飯を食べていたとき、その子供が「イチローすごいね」と話していたので、「じゃあ、俺が三振取ったるよ」という約束をしたんだ。だから試合のときは、「自分と当たるまでどうか三振しないでくれ」と願っていた。

ところがいざ対戦すると、ツーナッシングから投げてもやっぱりバットに当てられてしまう。そこで、「これは今まで見せてない球を投げるしかない」と思って、練習中だったシュートを投げてみた。

はじめて見せる球が一四〇キロ以上のスピードでスッと沈んだ瞬間、超満員の東京ドームがどよめいた。めちゃめちゃ気持ちが良かったね。当時は無名だったから、「まさか下柳が」って誰もが思ったんじゃないかな。

次の日、イチローが「あのボールは何だったんですか」と話しかけてきた。そのときは、まだ使える見込みがついていなかったのでシュートとは明かせず、「なんか変な曲がり方をした」と言うしかなかった。

それから努力して、少しずつシュートの完成度を高めていった。使える武器としてようやく完成したのは、阪神に行ってからだった。

其の七、気を込めろ

『かける思いの差が勝負を決める』

挫折の数なら誰よりも多い自分が、這い上がるときにいつも心掛けていたのは、こんな考え方だった。

「視点を長いスパンに置かず、その試合、その一つひとつの球に意識を集中して全力を尽くす」

――気を込める、とでも言ったらいいだろうか。

ただ投げるんじゃない、気持ちを込めて投げるんだ。不思議と、気持ちの乗ってない球ほど打たれてしまう。一つひとつのことを大事にする気持ちからは、考え抜かれた工夫や、勝負の際の気迫が生まれてくる。

同じ一四〇キロでも気持ちが入った一四〇キロと、ただ投げた一四〇キロとでは、全く違った結果が出た。それが人と人とが勝負する世界の面白さだと思う。

相手は、自分と家族の生活を守るためにすべてを懸けてバッターボックスに立っているんだ。何も考えずに投げたら、打たれる方がむしろ当然なのではないか。

野球解説者から、「いい球を投げるけどピッチングが軽い」、「気持ちがこもっていないから勝てない」と言われる投手をじっくり見ていただくと、気を込めることの大切さがわかってもらえるかもしれない。


目の前の仕事の一つひとつに、気を込める視点で取り組むだけで、すぐに違った風景が見えてくると思う。相手に気持ちそのものが伝わるから、信頼感が生まれてくる。それだけじゃない、その仕事に込められた奥深い尊さに気づいたり、いつの間にか、考え抜いた末に小さなことにも工夫を重ねようとしている自分自身に気づくはずだ。

野球同様、ビジネスも相手がいてはじめて成立するものだから、時には負けることもあるだろう。でも、相手がいるからこそ気迫が成否を左右するし、大きな勝負の行方を決めるのは、日々の小さな工夫の積み重ねにほかならない。

気を込める――かける思いが勝負を決することを知った自分にとって、かけがえのない言葉だ。矢野との共著のタイトル（下柳剛・矢野燿大著『気を込める　虎の成功プロセス』ベースボール・マガジン社）に選んだ理由もそこにあった。

ただ仕事するのではなく、一つひとつのことに気を込めて仕事をする。
すると、相手に気迫が伝わり、仕事のほんとうの価値に気づき、
工夫ができるようになる。

其の八、失敗は成功よりも価値がある

『学ぶ姿勢さえあれば、失敗は一時的な成功よりも価値がある』

続けないと、成功はない。

才能のなさを理由に夢を諦める人が多いけれど、頭だけで下した結論なのか、実際に挑戦した末に下した結論なのか、最後にそれだけは自分に問い直してみてほしい。

自分の野球人生は挫折と失敗の連続だった。中学時代は三番手投手で、県大会決勝という正念場で腕を骨折してしまった。念願の高校野球でも、入学早々胃潰瘍になって一年を棒に振ったし、甲子園にも行けなかった。せっかく入った大学もいじめで中退せざるを得なかった。あげくの果てにプロテストに合格したのに手違いで入団を逃し、野球という夢を見失ってバイクにうつつを抜かしていたこともある。

でも、しぶとく現役として生き残ることができた理由は、挫折や失敗から学ぶことを心掛けていたからだと思っている。

コントロールが悪く不器用だった自分は、ゲームでも必ず失敗をした。しかし、失敗の瞬間に「ここがダメだったんだな」と頭を使って素早く原因を特定し、そのゲームの最中から修正を図って二度と繰り返さないことだけは、いつも強く意識していた。

このように失敗を克服するための試行錯誤を重ねるうちに、いろいろなピンチを切り抜けるための発想法が自然と身についていったような気がする。

そんな風に蓄積される経験の力の方が、生まれ持った才能を超える価値があるのではないか。

実際に挑戦を重ねた末、身体から「肌に合わない」というサインが発せられたのなら、方向転換も仕方がない。しかし少しの失敗を理由に、「才能がない」と頭だけで判断してやめる結論を下すのは、少し待ってほしい。

失敗は、よほどの天才でもなければ避けて通れないものだ。大切なのは、そこからどう学ぶかということに尽きる。

だから、失敗からのリカバリーにこそ最大の知恵を絞ってほしい。学ぶ姿勢さえあれば、失敗は一時的な成功よりも価値があるのだから。

失敗したからといって才能がないと決めつけてはいけない。
失敗からのリカバリーにこそ、成功の秘訣が隠されている。

其の九、仕事の陰には必ず人の思いが隠されている

『自分が必要とされたときは、その理由を徹底的に考えてほしい』

長く仕事を続けられるその陰には、間違いなく他人の引き立てがある。だから、自分の仕事に寄せられた期待に対しては、できるかぎり誠実に応えたいと考えていた。

そして、ベテランになればなるほど、自分に対する要望を直接耳にする機会は少なくなる。できるだけ周囲に心を配って、自らの力で気づくしかないのだ。

阪神を自由契約になったあと、自分はどうしても現役にこだわりたかった。そして、人づてに星野仙一監督と再会し、楽天入団を許されることになった。

そのとき、四十も半ばのベテランが何のために呼ばれたのか自分なりに考えた。阪神時代、ずっと自分の練習を見ていた星野さんのことだ。野球を続けるために精一杯あが

いているベテランの姿を若手に見せることで、「野球で勝とうと思ったらこれだけの思いが必要だ、きつい練習や自己管理をするのは当たり前なんだ」と気づいてもらうこと、それが呼ばれた理由ではないかと思い至った。

もちろん監督に言われるまでもなく、練習開始時刻の一時間前には練習場に行き、ジョギング・ストレッチからこなしていった。練習が終わってからもウエイト・トレーニングに力を入れた。


本当は阪神時代の後期に膝を壊してからは、歩くことさえつらかった。エレベーターがないと二階に上がることもできなかった。

もちろん、一塁ベースカバーに走って行けなくなってしまったら、試合に出てはいけないと思っていた。でも、かろうじてそれができるうちは、自分から「痛い」とは何があっても言うまいと心に決めていた。そして、どれだけつらくてもゲームでは「痛みなんてどこ吹く風」という表情で全力でプレーした。

だから、チームメイトは今でも「シモさんは体が強い」と誤解したままだと思う。

トレーナーが、「下柳が一番練習してる」と言ってくれたことは何よりも嬉しかった。

娘に見せたくて、何としても楽天で一勝したかった。しかし、膝に注射を打ちながらだましだましやっていた身に、結果はついてこなかった。

やがてシーズン途中で二軍落ちが決まった。そのとき、課せられた大きな責任——精一杯あがいている姿を若手に見せる——を果たせそうにないことから、意を決した自分は監督室のドアを叩き、ユニフォームを脱ぐ話を切り出すことにした。

「もう頑張れません。責任を果たせそうにないんです。これ以上追い込んでやることができないかもしれないから……」

話をしながら、不覚にも涙がこぼれてきた。そんな自分に星野さんは、

「そんな寂しいことを言うな。阪神ではお前らのおかげで優勝させてもらったんやから。もう一回チャンスをやるから頑張ってこい」

と声を涙で詰まらせながら言ってくれた。

現役を長く続けられたのは、他人の引き立てがあったからにほかならない。仕事はお金を得るためだけの存在なのではなく、その陰には必ず人の思いがある。自分が必要とされた理由に対しては、いつどんな場合でも誠実であり続けてほしい。

仕事を続けられるのは他人の引き立てのおかげ。
だからこそ、人の思いには誠実であり続けてほしい。

▼シモのこぼれ話

監督の話を受けて、そのあと力を振り絞って自分なりにいろいろとあがいてみた。打撃投手、ハードなトレーニング……ゲームに出るために必要なことを精一杯、なりふり構わずやったんだ。「何よりも結果だ、その結果を出すためには泥臭い練習もいとわない、カッコ悪いかどうかなんて関係ない」と若い子たちにわかってもらうことが、星野さんに応える道だった。

シーズン後、球団からクビを宣告された。そのときも星野さんは、「最後は楽天で投げて行け」と言ってくれた。嬉しかったけど、「監督のおかげで中途半端に辞めることなくここまで来たから、もう少しあがいてみます」と、引退試合を行わぬままに楽天を退団したんだ。

こんな風にカッコつけてはみたものの、実はもう一試合投げておけば、五試合登板の出来高インセンティブがついて五〇〇万円入ってくる契約だったから、本当は迷ったよ。……投げときゃよかったかなあ（笑）。

其の十、引き際は身体が教えてくれる

『「もうグラブを置け」という、身体からのメッセージが』

楽天を辞めたあと、メジャーのトライアウトに挑戦したのには強い理由があった。

以前、「会社が評価してくれない」とこぼすサラリーマンについてコメントを求められたとき、「自分に自信があるなら辞めればいい。それができないならカッコ悪いから言わない方がいい」と答えたことがある。

一方、「体が小さくて弱いから野球をやめる」となげく子供には、「やめる理由を探すより、続ける理由を一つでも探して頑張ってほしい」とコメントしたことがある。

アメリカに旅立ったのは、自分の吐いた言葉に責任を持たなければと思ったからだ。

確かに満身創痍《まんしんそうい》だった。コーチの誘いもあった。でも、メジャーのトライアウトは、自分にとって野球を続けられる理由そのものだったんだ。

知人の好意で、奄美大島の球場設備を借りてトレーニングをさせてもらった。また現地では元日本ハム監督のトレイ・ヒルマンや、ドジャース監督時代、日本のマスコミを にぎわせたトミー・ラソーダも見に来てくれていた。そんな風に縁にはとても恵まれていた。ところが……。

トライアウト本番、事件は起こった。実戦形式での生き残りをかけた真剣勝負のはずが、投球直前に味方捕手から告げられたのは、「変化球が捕れないから、特にフォークは投げないでくれ」というまさかの言葉だった。トライアウト受験者同士で組まれたバッテリーゆえの悲劇。呆然としながらマウンドに向かったことを覚えている。

ストレートの緩急差だけでなんとかバッターを抑えていた。ただ、審判がいないため、自分でボールカウントを記憶している必要があった。二ボール二ストライクだと信じてわざと外した五球目。――チームスタッフが告げたのはまさかのフォアボール。日米のストライクゾーンの違いから、コースを突いた球がボールと判定されていたのだ。

自分の引き際は、インターバルピッチングというダッシュと投球を交互に繰り返す過酷な練習が嫌になったときだと思っていた。

でも、予想とは違う形で、最後の日は訪れた。

帰国して数日後、激しい肩と膝の痛みに襲われた。投げるどころか歩くことさえ辛く、ただ寝床でのたうちまわっていた。独立リーグから「やらないか」と電話がかかってきたのは、そんなときだった。

どんなに野球がしたくても、この状態で行ったら迷惑をかけるだけだ。うめくような声で「すみません、契約はできません」と、お断りするしかなかった。

二二年間あがき続けた自分のプロ野球人生が、あっけなく幕を閉じた瞬間だった。

今にして思う。あれは「もうグラブを置け」と言う、身体からのメッセージだったんじゃないかと。

でも、野球が何よりも好きだった。できることならずっと続けていきたかった。

引き際は、身体が教えてくれた。

愛弟子・下柳を語る特別インタビュー・4

野球人・下柳剛

茶道裏千家家元　千 宗室

臨済宗大徳寺管長・僧堂師家 中村祖順老師のもとで参禅得度。
祖順老師没後、妙心寺 盛永宗興老師のもとで参禅。
二〇〇二年、裏千家家元継承。

きっかけは日本ハム時代

千宗室（以下、家元） 私は球団創設以来の日本ハムファイターズファンです。そして、特定の選手を応援するのではなく、日ハムといういわゆる〝箱〟のファンです。

その日ハムに一九九六年、下柳選手がダイエーからトレードで入ってきました。交通事故を起こした直後だったので、いろいろな報道がされていて、はじめはすごくラフな人が来たのではないかと思っていました。

風貌《ふうぼう》も非常に硬派なイメージでしたので、かつての西鉄ライオンズの選手のイメージを重ね合わせながら、「どういうピッチャーだろうか」と日ハムではじめてマウンドに上がる試合を見ておりました。すると、意外なことに軟投派だったんです。ストレートがすごく走るというわけでもなく、かといってコントロールが良いわけでもなく。そして、しっかり足を持ち上げて投げ、困ったときは必ずスライダーという非常に特徴のあるピッチャーでした。

しかし、軟投派でいながら、硬派の外観そのものにタフでした。「また下柳か」というぐらい出てくるし、イニングまたぎは当たり前でした。今までの日ハムにはいなかったタイプのピッチャーでしたので、少し興味を持ったわけです。

でも、何かのご縁で実際に会ってしまうと、もしかするとファンでなくなってしまうのではないか……そんな理由から、私は好きなチームの選手であっても、遠くから眺めているのを第一としていたんです。日本ハムファイターズが創設された頃、たまたま父のご縁で、当時の主力であった千藤（三樹男）選手や上垣内《かみごうち》（誠）選手がうちに来たのを見たことがあったけど、プロ野球選手に会ったのはそれぐらいでしたね。

そんな中、あるきっかけで片岡（篤史）選手と会う機会があり、そのとき一緒に来たのが下柳選手だったのです。

家元　——片岡選手がきっかけなのですね。

正直言って、最初はやっぱり学校の後輩でもあるし、同じ京都人だし、日ハム生え抜きの選手でしたので、片岡選手にばかり目が行っていました。一緒に来た下柳選手には、知ったかぶりをしないすごく素直な、なかなかの選手だなという印象を持ちました。その夜一緒に食事をしたときは——まあ片岡も片岡で、下柳も下柳でやんちゃだけれども、やんちゃの質が正反対で、いいコンビだなと思って見ていたわけです。それが最初の出会いです。

その後、しばしば彼らと食事したりしていたのですが、片岡選手が阪神へ移籍してしまったんです。出て行ったら出て行ったで仕方がない。日ハムは昔から給料が高くなると、選手の自由にさせている伝統がありますし、出て行った選手を追わないというのも、日ハムファンに共通した質《たち》かもしれません。そのこともあり、下柳選手との連絡は非常に密になっていったのですが、彼も阪神に行ってしまった。正直、私はパ・リーグしか見ませんので、下柳選手が阪神のユニフォームを着て投げている姿をほとんど見たことはありません。ただ交流戦がありましたから、日ハム戦で投げてくれたとき、随分サービスしてくれたことを感謝しています（笑）。

まるで禅問答のように

家元　その頃だったでしょうか。食事のときの話の内容や、彼からかかってくる電話の質が少し変わってきたのです。それまでは普通に世間話もあったんだけど……。

一番強く印象に残っているのが、電話を取るなり、「球はどうやって投げたらいいんですか？」と彼が聞いてきたことです。「こんにちは」とか、そういう挨拶ひとつもなく、突然その言葉でした。

――まるで、禅問答のようですね。

家元 彼は前からメンタル的なことに興味は持っていたので、「ついに来たか」と思いました。禅に興味を持ち、何かをしだすとそういうところから入ってみたくなるものです。それは誰でもそうでしょう。だから、外国における禅はそこから先になかなか進まず、妙に哲学風の香りを持った問答だけで終わってしまうときがあります。下柳選手からその言葉を聞いたときは、「ここからどちらへ行くかはこれから次第、見ものだな」と感じました。

そういうことが二、三度続くうちに、禅問答もどきの質問に少し幅が出てきたわけです。「投げるとき、何を考えたらいいんですか」という風にね。草野球しかやったことのない私に、彼がテクニック面でのアドバイスを求めているはずはないでしょう。

確か、決め球のスライダーがお辞儀して、比較的早く落ちるようになっていたような気がします。ですから見切られて、高めにいってしまった球をバッターから上手に弾き返されるパターンがあって。つまり彼としては、できていたことができなくなったことに対して焦りがあったんじゃないかと思うんですよ。ランナーへの牽制も昔と少し違っていたような気がします。

そんな中、「球はどうやって投げたらいいんですか?」から、「投げるとき何を考えたらいいんでしょうか」と、質問にも少しずつ骨に肉が付きだしていったわけです。

最後楽天に移った頃は、千日回峰行をされた阿闍梨さんとお付き合いするようになったようで、非常に心の支えになっていると聞きました。頭で考えることから、全身で考えることに変わっていったんだなと思っておりました。

家元　――頭で考えることと、全身で考えることの違い、それはいったい何なのでしょう。ランニングマシンで足踏みしているか、実際に前に足が進んでいるかの違いかな。マシンで足踏みしてもトレーニングにはなるけれど、でもあれはその場で足踏みしてるだけですよね。ジョギングすると、実際に前に進んでいく力が出る。やっぱりその方が効果的だし、心のあり方も変わりませんか。私も天気が悪かったらマシンに乗ります。でも、やっぱり外を走った方が筋力がつくと思うし、もし心に筋肉があるとするなら、心の筋力は外の方が段違いについていくと思うんです。今日ここにある軸には、「平生心是道《びょうじょうしんこれどう》――平らに生きる心、これは道である」と書いてあります。

じっとにらんで答えを考える。

それこそ今の世の中、答えはいくらでも見つけてくることができる。インターネット、事典……ツールがあふれている。そして、一人ひとり見つけてくる答えはバラバラでいいわけです。大事なのはそこへ行き着くための〝プロセス〟です。

では私とあなたが修行僧で、一緒に修行しているとしましょう。師匠から「平生心是道、如何《いか》なるか是《こ》れ」とたずねられ、それぞれが坐禅して一生懸命考えた。それでも答えが見つからない。そして、あなたが何らかの答えを見つけて、それを師匠のところに持っていき、合格をもらった。

「なるほど」と言って、私も同じ答えを言いに行ったら「ダメ」と言われる。それはなぜか。あなたの答えは自分で見つけたものであるけれど、私の答えは借りてきたものである。自分で見つけたものと、借りてきて見つけたフリしてるのは師匠から見れば必ずわかりますから。するとそこでダメが出るわけです。

下柳選手は最初から、答えをどこからか拾ってくることは頭になかった。その分、余計に苦しんでいたんじゃないんでしょうか。口下手だし、人間関係を作るのも下手だと思うし。

体調の良いときのビール一杯と、二日酔いのときのビール一杯とは味が違うでしょう。仙台の楽天のマウンドと、阪神甲子園球場のマウンド。マウンド自体も違うし、観客の雰囲気も違う。そもそも生きているその一日一日が違うんだから。おそらく「ボールはどうやって投げたらいいんでしょう」という電話をかけたその日、下柳選手は「私から答えが出たとしても何にもならん」ということに気がついたんだと思うんです。だから「ボールをどうやって投げたらいいですか」じゃなく、「何を考えて投げたらいいのだろう」という心に変わってきたのでしょう。

そしてそこから先は、おそらく彼が自分で見つけたから、阪神であれだけ活躍できたのだと思います。

語り合わずとも通じる思い

――下柳さんのお話を聞いて、自分の生業をあれほどの情熱を持って愛している方はなかなかいらっしゃらないと思いました。引退表明はされましたけど、今でもマウンドに立てるくらいトレーニングをされているとうかがっています。

家元 現役か引退したか、本人、そのあたりはどうでもいいと思ってるんじゃないでしょうか。プロだとかプロじゃないではなく、多分〝野球人〟の現役だと彼は思ってるんじゃないですか。

それでいいと思うんです。私は家元という立場をいただいていますが、〝茶人〟です。下柳選手よりひと回り上の、同じ干支の茶人です。たまたま立場として家元という上っ張りを着せられていますが、茶人です。町方の先生されている方々も、その上っ張りを取ったら茶人ということで〝根〟は共通なわけですよ。下柳選手はプロやアマじゃなく、〝野球人〟として自分は現役だと思っている。それでいいんじゃないのかな。

――昔の侍のように強烈な〝プロ〟としての自覚を持っている下柳さんには、〝野球人〟という今のお言葉が、たしかにフィットするような気がいたします。現役・引退……そういうものを超越している、と。

家元 そんな風になっていったんだと思う。そうじゃなかったら下柳っぽくないですよね。彼は喝采を求めたこともないし。自分が納得しなきゃ人に褒められても嬉しくない人だから。それが彼の〝野球人〟としての矜持《きょうじ》を保つということじゃないでしょうか。

――家元から見て、下柳さんに目をかけていらっしゃった最大の要素は……。

家元 いや、私は彼のことを先輩・後輩関係なく友達だと思っています。私はお点前《てまえ》をいろんな場所でいたします。小さな四畳半の部屋ですることもあれば、三千人、四千人が入る舞台の上や、野外ですることもあります。そのひと点前は二、三〇分なのだけど、このひと点前するのに何十時間、何百時間稽古してきたことか。若い頃から膝《ひざ》の脛毛が擦り切れるくらい正座して、稽古をしてきたから、今このひと点前ができるわけです。それを私は茶人としての準備、ウォームアップだと思う。それができていない人は人前で点前しちゃいかんと思うんです。

下柳選手も「この一球を投げるために何百時間、何百球・何千球投げて来たか」という思いを持ってると思う。ひょっとすると、私が下柳選手とウマが合っているのはその部分かもしれないね。

彼もマウンドに上がるまで、人知れず足を引きずっているときもあるでしょう。私もこれだけ点前してると、随分膝が痛くなって……普段は疲れると足を引きずって歩いているんです。でも着物を着て、足袋を履いて茶室に出たら、その瞬間「さっきまで足を引きずっていたのに、全然平気でスイスイやってる」と周りの人が言うぐらいにはなります。それがプロだ、と言いたいんじゃないんです。

それは人様の前に出るときのマナーだと思う。そして、そんな苦労を見せないようにするのもマナーだと思う。

そこに出てくるまでの支度をしっかりしてる人間同士がわかる何かがあるのかもしれないですね。こんなこと、話したことないけど。

――語り合わないうちに、お互いわかっていらっしゃったんでしょうね。

野球人、ルビは「しもやなぎつよし」

家元　やっぱりお互い、「今日を生きるために随分、過去頑張ってきたな」、「ただ当たり前のことを当たり前として頑張ってきたな」という思いがあるかもしれませんね。そして、いらないものを持たないというだけじゃないかな。「あれも欲しい」「これも欲しい」というのは、下柳選手には絶対にない。例えば、最多勝を取ったといっても、照れくさそうな顔しただけで、自分からなんだかんだとそれを言ったことないんです。活躍しても、いつも変わらぬ雰囲気でしょう。彼は野球ができればいいわけだし、私はお茶ができればそれでいい。それ以外別にいらないわけです。

今みんな「あれも欲しい、これも欲しい」でしょう。もちろん、それはそれで否定するものじゃないです。こういう時代だから自分を飾っていくことも、それが前向きなエネルギーになるんだったらいい。ただ、自分を飾りすぎると、本当の自分を見つけられなくなる危険もある。私はこのままでいたい。下柳選手もそのままでいたいと思ってるんじゃないかな。というかそのままでいるのが自分だと。今の自分でいいと思っているんでしょう。

――家元

自分が信じたその道で、奥深いものを極めたいという気持ちですね。

彼は三五歳のときに戻りたいとは考えてないと思う。四六歳の今そのものを受け入れているんじゃないかな。ハムストリングはパンパンで、肩も上がらなくなっている今の自分をそのまま受け入れていると思う。

私も若返りたいと思ってない。それよりも、どうしたら今日とりあえず過ごせるか、というだけでしょう。彼もとりあえず今日を過ごそう、ということだと思います。

—— そういえば、下柳さんが好きな言葉は〝前後際断〟ですね。

家元 〝今〟だけですし。

—— 下柳さんは「練習で恥をかくのは何も恥ずかしいことじゃない」と言い、あれだけのベテランでいながら、若手よりはるかに厳しいトレーニングをしていました。時には辛いこともあったかもしれませんが。

家元 本人は辛いと思ってないでしょう。それはね、周りの人が勝手に色をつけている。辛いと思う人もいれば、それが当たり前と思う人もいるから。さっき私が「このひと点前するのに何百時間稽古してきたことか」と言ったでしょう。毎日稽古していたら、もちろん足は痛みます。座れば足がしびれるのは当たり前ですよ。ついてるもんですから。焼魚定食にお漬物がついてくるのと一緒。それで良いんです。人間関係なんかでは愚痴をこぼしたりすることもあるけど、でも野球が辛くて彼が愚痴をこぼしたのは、聞いたことない。だから〝野球人〟。〝野球人〟という文字に、ルビ（ふりがな）は「しもやなぎつよし」と打ったらいい。彼は最後の野球人。古いのかもしれないけど、昔の南海や西鉄にいた選手たち、無駄口叩かずにらみをきかして……下柳選手がその最後の継承者かな。いわゆる野武士的、というとまたイメージが悪くなっちゃうけど、でも、〝野球人〟ルビは「しもやなぎつよし」。

次こういう人、誰か出てくるか楽しみですね。

▼シモのこぼれ話

ピッチャーの登板には間隔があるから、読書する時間には恵まれていた。白石先生に紹介された『不動智神妙録』で禅に興味を持ち、さらにいろいろな本を読み進めていくうちに、「茶禅一味」――お茶と禅は一緒だ、という言葉に出会った。

裏千家の千宗室家元とは、それまでも飲食をご一緒させていただいたり、親しくお話させていただいていたのだけど、その言葉をきっかけに、単刀直入に禅についてうかがおうと思ったんだ。

それは、電話口でとっさに出た言葉だった。

「家元、球はどうやって投げたらいいんですか」

今にして思うと、若かった。茶道の家元に、「球はどうやって投げたらいいんですか」なんて、プロの投手がいきなり聞いたわけだから。

まさに禅問答だった。

家元からよく、「一回捨てなさい。シモさん欲張りすぎ。新しいものに挑戦するときは、古いものは捨てなきゃダメですよ。いろいろ持ったら重たくて身動き取れません」とアドバイスされたのを昨日のことのように覚えている。

そんな風によく自分には「捨てなさい」とおっしゃっていただいた。まさしく、禅の心をやさしく説いてくださっていたんだ。「お茶をやっているところを見せていただきたい」と言ったら、「初釜においで」とおっしゃっていただいて、それからお茶の世界も少し体験させていただくこともできた。調子が悪くなるたびに、家元に電話をしていたよ。

ルポ・最多勝の舞台裏

絶対にマウンドを降りまい、そう思った。
二〇〇五年一〇月五日甲子園球場、阪神・横浜二二回戦。
先発、下柳剛三七歳。
ペナントレース最終戦。プロ野球一五年目にして、初のタイトルがかかっていた。

ジェフ、藤川、久保田。人呼んでＪＦＫ。
抑えが盤石な阪神では、五回終了時に勝ち越してさえいれば良い。
それゆえに、その年の下柳のシーズン投球イニングは平均して五回と三分の一。

しかし、この日はなかなか勝ち越せなかった。

同じ一四勝の広島・黒田が、まだ試合を残している。

絶対に降板するわけにはいかなかった。

こんな日のために、誰よりも鍛えていた。


六回を過ぎると、毎回ランナーを出塁させてしまう。

スタミナ、そして自分自身との戦い。

「シモさんに最多勝を」

味方の好守に助けられ、なんとかピンチを切り抜ける。


九回裏ツーアウト、次は下柳の打順。

しかし、ネクストバッターズサークルには代打として浅井が控えていた。

球数、すでに一三八。

「ああ、代打か……」

誰もがため息とともに拳を握りしめた、そのとき。

——現れたのは、バットを持った下柳剛。

一転、地鳴りのような大歓声が球場を包んだ。

試合は二対二のまま延長戦にもつれこむ。

一〇回を投げるのは、生まれてはじめてのことだった。

小雨そぼ降る中、ランナー二塁のピンチをしのぐと、球数は一四八に達した。

その裏。

フルカウントから、横浜・加藤の外角スライダーをとらえた鳥谷の打球は、そのまま左中間スタンドに吸い込まれていた。

アンダーシャツを着替えかけていた下柳は、あわててベルトを着け、クシャクシャの笑顔で鳥谷と抱き合った。

歓喜の輪の中、背番号42が揺れていた。

試合終了後。

下柳はある人物に電話をかけていた。

「ご覧になっていましたか。おかげ様で、本当に最多勝が取れました。やっぱり〝願わなければかなわない〟なんですね」

▼シモのこぼれ話

あの試合も、「最多勝取れるかも、でも打たれるかも……どうしよう」という、子供がお化け屋敷に向かうときのような心境だった。

一〇イニング目のマウンドに立ったのは、自分の野球人生ではじめてのことだった。ましてや、その年の平均投球イニングは五回と少しだったから、九回を投げ終わったその裏の自分に打順が回ってきた場面で、岡田監督は「どうする（代打を出そうか）？」と聞いてきたんだ。もちろん、「行きます」と即答したよ。

監督としては代えたかっただろうと思う。「日本シリーズが控えているのに、投げたこともない長いイニングを投げさせて、最後の試合で壊してしまったらどうする」というもっともな気持ちだ。

「あと一回だけ行かせてください」と無理を言って打席に向かう際、「ピッチャー・下柳」というアナウンスが球場に流れたんだけど、その直後の、あの甲子園全体から湧きおこるグォオオという地鳴りのような歓声は、死ぬまで忘れないだろうね。鳥肌が立った。

多分もう聞くこともない大声援。その喜びは表現しようがない。打席に立っているときの不安まですべて消してくれて、「こんだけ応援してくれるんや……頑張ろう」としか思えなかった。

やっぱり声援は力になる。あれだけ大勢の人に「頑張れ、頑張れ剛」って言ってもらえたことは、今でも嬉しいよ。「ここでホームラン打って決めたらカッコええのに」と思いながら、結果はあえなくも三振となったけれど。

一〇回で予定通りマウンドを降り、「頑張ったけど、残念やったな」と思いつつロッカールームで着替えていたら、大歓声によってサヨナラホームランの事実を知った。

外しかけていたベルトを押さえながら、あわてて鳥谷をホームまで迎えに行ったのも、今では良い思い出だ。

あの日の鳥谷には本当に助けられた。普段は冗談でいじり倒していたのにね。

あとがき

挫折だらけの野球人生だった。

中学では決勝のマウンドで腕を折り、高一のときは内臓の病気で野球ができなかった。大学を中退して一度は野球から離れかけたこともある。周囲の人の支えもあってプロ入りこそできたものの、芽が出たかと思えば、ダイエー、日本ハムと立て続けにクビになってしまった。


人生が変わったのは、三五歳だった。

普通なら引退していてもおかしくない年齢だ。

その歳に、自分は坐禅をきっかけに、すべてをそぎ落として、自分の身体の声に正面から耳を傾けてみたんだ。

すると激情型と言われるほど強気を装っていた自分の中に、どうしようもなく怖がりで弱い自分を見つけた。そんな自分を理解し、受け入れる努力をしてから、人生が変わっていった。

人生に無駄なことは一つもない。中学、高校、大学、プロ……延々と繰り返される挫折と回り道。でも、それらの経験が今の自分を形作ってくれた。

もし自分が野球選手として生まれ変わったとしても、俺はダルビッシュにも、田中将大にもなりたくない。俺は下柳剛として、もう一回生まれたい。

今までの人生に悔いはないよ。

いろんなものにこだわったり、変なものを捨てきれなかったり、そうやって葛藤しながら生きるからこそ、人生って面白いんじゃないかな。

何をしていても、野球のことが頭から離れなかった。たとえ飲んでいても、いつの間にか身体の使い方をイメージしていたり、マウンドに立ったときのイメージトレーニングをしながら歩いていたり。

今でもフォームのことを考える。犬にボールを放るときでも、「こっちの方が腕が走るかな」って考える。

これからもずっと、寝ても覚めても、一生野球とつき合っていけたら嬉しく思う。

決して誇れたものじゃない、失敗続きの野球人生だったけど、その分、やりたい仕事で生き残るコツや、人生を変えるために必要なことについて学ばせてもらえたと思う。

この本が少しでもみなさんのお役に立てたなら、これ以上の喜びはない。

謝辞

野球以外はからっきしな自分は、本当に多くの人に支えられてきました。

この場を借りて、生んでくれた両親、かけがえのないファンの方々、多くのことを学ばせていただいた恩師の皆様、友人たちに心から感謝申し上げます。

みなさんの支えがなければ最多勝を取ることはなかったでしょう。

そして、闘病生活の末、引退をきちんと見届けた後に天国に旅立っていった愛犬ラガー。勝っても負けても、いつも同じ態度で接してくれたお前から、いくら勇気をもらえたかわかりません。

本当にありがとう。

ボディ・ブレイン

――どん底から這い上がるための法則

２０１４年７月２日　第１刷発行
２０１４年７月28日　第２刷発行
２０１４年８月11日　第３刷発行

著者・・・・・・・・・・・・下柳 剛

発行所・・・・・・・・・・・水王舎
〒160-0023　東京都新宿区西新宿 6-15-1
http://www.suiohsha.jp/
電話／03-5909-8920　FAX／03-5909-8921

装丁・・・・・・・・・・・・bookwall

本文ＤＴＰ・・・・・・・株式会社 ティエラ・クリエイト

校正・・・・・・・・・・・・由木 高士

印刷・製本・・・・・・・大日本印刷株式会社

ISBN 978-4-86470-008-5